校長先生、今日の話は何？

校長として子どもたちに伝えてきたこと

友松重雅
Shigemasa Tomomatsu

文芸社

まえがき

大学を卒業し、名古屋市立千種小学校に新任として赴任しました。それから、小・中合わせて七校の学校に勤務し、二〇一八年（平成三十年）三月に定年退職を迎えました。これまで多くの教職員や保護者の皆さん、地域の皆さん、そして子どもたちに支えられて勤めることができたことに感謝でいっぱいです。本当にありがとうございました。

古い資料を整理していたら、二十九年前の三十一歳の時、五年生の学級で発行していた学級通信が出てきました。その創刊号に、こんなことを書いていました。

五年生に進級おめでとう。いよいよ高学年の仲間入りです。「さあ、頑張るぞ！」と思っている人は幸せです。新しい学年として迎えた四月六日です。「頑張るぞ！」という気持ちを持とうではありませんか。今日を始めにして、一年間を充実したものにしましょう。

先生が、今年度頑張りたいことを書きます。それは、一つだけです。

楽しいクラスをつくる。

これだけです。「なぁんだ。そんなことは簡単だよ」という人がいるでしょう。しかし、これはなかなか難しいのです。

楽しいクラスというのは、すべてに楽しいクラスなのです。五年一組の四十五人、すべての人にとって楽しいクラスでなければなりません。誰一人として、嫌な思いをする人のいないクラスをつくりたいのです。一つとして、このクラスに楽しくないものがあってはいけないのです。だから、とても難しいのです。そのために、次のことを頑張ってやりたいと考えています。

① 楽しい授業をする。
みんなが、話し合いや考え合いをしていって、なるほどと思い、楽しかったと思える授業をします。

② 楽しい集会をする。
学期に一回くらい、みんなで思いっきり楽しむ集会をします。

③　考えを深め合う。
自分の考えをどんどん言ってください。みんなの考えを深め、物事を正しく考えることができるようにします。

④　いじめを許さない。
いじめる子、いじめられる子をつくらないようにするためには、先生を含めみんなの力が必要です。いじめを許さない気持ちを全員が持とう。先生は、いじめを絶対に許しません。

まず、この四つのことが、楽しいクラスにするために必要です。だから、先生は努力を続けるつもりです。

そして、最終号では、このように結んでいます。

○　人のことを考えてあげられるようになりました。

○　一生懸命努力をして頑張るようになりました。

○　仲良くけんかをしないで暮らしていけました。

どうですか。一つくらいは当てはまることがあるでしょうか。先生は、何でも努力することと優しい心を持つことを、一年間、みんなに伝えてきたつもりです。

さあ、四月からは六年生。これまで以上にしっかりとした態度が求められます。みんな一人一人が○○小学校の代表だという気持ちで、今まで以上に頑張ってほしいと思います。

読み返していて、若いなあと思います。自分の思いを子どもたちにぶつけ、返ってきた思いを受け止めながら指導をしていた当時の記憶がよみがえってきます。

退職を迎えた今でも、当時の思いは大きく変わっていません。校長になって、子どもたちに「昨日よりも今日が一歩進んでいるように」を合言葉に、「努力を続けること」「自分を大切にし相手も大切にすること」「感謝の気持ちを忘れないこと」「いろいろなことに興味を持つこと」「常に前向きな気持ちで過ごすこと」など、折に触れて話をしてきました。

今回、文芸社さんのお力添えで、入学式、卒業式、始業式、終業式、修了式、そして毎週月曜日の朝会で子どもたちに話をしてきたことの中からいくつかを取り上げて、一冊の本にまとめることができました。

新学習指導要領の告示、小学校への外国語教育の導入、道徳の教科化をはじめ、働き方改革への取り組みなど、教育界は大きく変わろうとしています。しかし、いつの時代にあっても変わらないことは、子どもたちの笑顔ときらきら輝く瞳があふれる学校をつくっていくことだと思います。

学校の教職員や保護者の皆さん、地域の皆さんが、それぞれの立場で、子どもたちに自分の思いを語っていただき、「学校が楽しい」、そして「毎日が楽しい」と、目を輝かせながら話をする子どもたちを育ててほしいと思っています。

友松　重雅

もくじ

入学式で

○あいさつ・返事・朝ご飯

一年生の皆さん、今日から○○小学校の一年生です。校庭の桜の木の花も、皆さんの入学を祝って、きれいに咲いていますよ。

一年生の皆さん、入学おめでとうございます。

きちんと「ありがとうございます」のごあいさつができました。さすが、○○小学校の一年生です。

これから皆さんに三つのお話をします。しっかり聞いてください。

一つ目は「あいさつ」のお話です。朝のあいさつは…「おはようございます」、食事の前は…「いただきます」、先生やお友達に何かしてもらったら…「ありがとう」ですね。

あいさつは、お友達をつくる時に、とても大切です。○○小学校の子は、みんなあいさつが上手だから、とても仲良しです。皆さんも、元気よくはっきりとあいさつのできる○

○小学校の子の仲間入りをしましょうね。

二つ目は「返事」のお話です。

「はい」という気持ちの良い返事です。返事は、先生やお友達のお話をよく聞いていないとできません。学校ではたくさんの人と勉強します。最後までしっかり聞いて、尋ねられたことに気持ち良く答えられるようにしましょう。

三つ目は「朝ご飯」のお話です。

学校で、楽しく勉強したり運動したりするためには、頑張る力が必要です。朝ご飯をしっかり食べ、頑張る力をいっぱいにして、元気に学校に来てください。

朝ご飯をしっかり食べるためには、早起きが必要です。早起きをするためには、ぐっすり寝ることが必要です。「早寝」「早起き」そして「朝ご飯」……守れそうですか。

一年生の皆さん、上手にお話を聞くことができましたね。

「あいさつ・返事・朝ご飯」を守って、元気に○○小学校に通いましょう。待っていますよ。

○楽しい学校生活「あいうえお」

一年生の皆さん、入学おめでとうございます。今日から○○小学校の一年生です。二年生から六年生のお兄さん・お姉さん、そして先生方全員が、皆さんの入学をお祝いしています。

これから皆さんにお話をします。一年生になったので、きっと最後までしっかりお話を聞くことができると思います。

楽しい学校生活「あいうえお」のお話です。

「あ」は、「あいさつをする」の「あ」です。「おはようございます」「ありがとうございます」などのあいさつと、「はい」という返事ができるようになる「あ」です。元気よくしっかりとしたあいさつのできる一年生になりましょう。

「い」は、「一生懸命に勉強する」の「い」です。学校では、いろいろな勉強をしますよ。楽しみにしていてください。

「う」は「運動をして元気になる」の「う」です。学校には広い運動場があります。体をたくさん動かして運動し、元気な体をつくりましょう。

「え」は、「笑顔で仲良くする」の「え」です。○○小学校の1年生は○○人です。たくさんお友達を作り、ニコニコの笑顔で仲良くしましょう。

「お」は「お話を聞く」の「お」です。学校ではたくさんの人と勉強します。担任の先生やお友達のお話をよく聞いて、かしこい一年生になりましょう。

これが、楽しい学校生活「あいうえお」です。しっかりお話を聞くことができましたね。さすが、○○小学校の一年生です。

一年生の皆さん、楽しい学校生活「あいうえお」を守って、元気に○○小学校に通いましょう。待っていますよ。

◆「あ」「い」「う」「え」「お」の文字を一つずつ示しながら話をしました。

○三つの「たくさん」

一年生の皆さん、入学おめでとうございます。今日から○○小学校のピカピカの一年生です。二年生から六年生のお兄さん・お姉さん、そして先生方全員が、皆さんの入学を待っていました。

さて、一年生になると、保育園や幼稚園と違うことが「たくさん」あります。

今日は三つの「たくさん」のお話をします。

一つ目の「たくさん」は、「お友達がたくさんいる」ことです。今日入学した一年生は、〇〇人ですが、小学校にはもっともっとたくさんのお友達がいます。全員で〇〇〇人くらいです。早くたくさんのお友達を作って、仲良くしましょう。

二つ目の「たくさん」は、「運動も遊びもたくさん」することです。小学校の広い運動場や体育館・プールで、力一杯遊んだり運動したりしてください。そして、元気で強い子になりましょう。

三つ目の「たくさん」は、「勉強をたくさん」することです。国語や算数という名前が付いている勉強ができます。先生が、分かりやすく教えてくれますから、楽しみにしていてください。いろいろなことが、とってもよく分かるようになります。不思議なことがたくさん分かると、とても面白いですよ。先生のお話を一生懸命聞くと、勉強がしっかりできるようになります。

一年生の皆さん、上手にお話を聞くことができましたね。小学校は楽しいですよ。元気に〇〇小学校に通いましょう。待っていますよ。

○ランドセルに入れてきてほしいもの・持って帰ってほしいもの

一年生の皆さん、入学おめでとうございます。今日からピカピカの一年生です。学校の名前は言えますか。大きな声でみんなで言ってみましょう。そうですね。「○○小学校」です。二年生から六年生のお兄さん・お姉さん、そして先生方全員が、皆さんの入学を楽しみに待っていました。

校長先生は、みんな元気で学校に来られるかなと、少し心配をしていました。でも、皆さんが元気に手をつないでこの会場へ入ってくる姿を見て、とてもうれしくなりました。

さて、一年生の皆さんは、ランドセルに教科書やノート、筆箱などの勉強の用具を入れて学校に来ますね。校長先生は、皆さんのランドセルに、勉強の用具と一緒に入れてきてほしいものがあります。

ランドセルに「元気」を入れてきてください。

朝、起きたら元気よく「おはようございます」とあいさつをしましょう。自分で顔を洗い、歯を磨き、着替えができると良いですね。朝ご飯をしっかり食べてください。

そして、「行ってきます」「たくさんお話しするぞ」「いっぱい運動するぞ」という元気をいっぱいランドセルに入れて学校に来てください。

もう一つ、「たい」を入れて来てください。「たい」と行っても、魚ではありませんよ。「お友達をたくさんつくりたい」「国語を頑張りたい」「縄跳びがたくさんできるようになりたい」という「たい」です。学校でやりたいこと、できるようになりたいという気持ちの「たい」を、いっぱいランドセルに入れてきてください。

学校から帰る時には、「なった」がランドセルに入っていると良いですね。「分かるようになった」「できるようになった」という「なった」です。ランドセルに「なった」を入れて帰るためには、先生やお友達の話をしっかり聞くことが、とても大切です。

小学校では、国語、算数、音楽、体育など、いろいろな勉強をします。楽しく勉強できるようになるために、お話をする人をしっかり見て、お話を聞くことができるようになってください。そして、たくさんの「なった」を持って帰り、お家の人に話してください。

一年生の皆さん、ランドセルに「元気」「たい」を入れて学校へ来ましょう。そして、「なった」を入れて帰ることができるように、明日から頑張ってください。

一年生の皆さん、上手にお話を聞くことができましたね。小学校は楽しいですよ。元気に○○小学校へ通いましょう。待っていますよ。

○名人になろう

一年生の皆さん、入学おめでとうございます。今日からピカピカの一年生です。学校の名前は言えますか。大きな声でみんなで言ってみましょう。そうですね。「○○小学校」です。二年生から六年生のお兄さん・お姉さん、そして先生方全員が、皆さんの入学を楽しみに待っていました。

校長先生は、みんな元気で学校に来られるかなと、少し心配をしていました。でも、皆さんが元気に手をつないでこの会場に入ってくる姿を見て、とてもうれしくなりました。

さて、○○小学校には、とっても賢くて、とっても楽しい「名人」がたくさんいますから、紹介します。

朝、先生やお友達に大きな声で「おはよう」と言うお友達がいます。「あいさつ名人」です。

休み時間には、運動場に出て元気に遊ぶお友達がいます。「遊び名人」です。

給食を好き嫌いなく何でも食べるお友達がいます。「給食名人」です。

お友達が元気でなかったら、「大丈夫?」と言うお友達がいます。「思いやり名人」です。

雨の日に、図書室で本を読んでいるお友達がいます。何名人だと思いますか。そう、「読書名人」ですね。
花や生き物をじっと見ているお友達がいます。「観察名人」です。
○○小学校には、まだまだ、たくさんの名人がいますよ。一年生の皆さんは、何名人になりそうかな。校長先生は楽しみです。たくさんの名人になってくださいね。そして、お家の人に、「こんな名人になったよ」といっぱいお話をしてください。
一年生の皆さん、上手にお話を聞くことができましたね。小学校は、とっても楽しいですよ。元気に○○小学校に通いましょう。待っていますよ。

一学期始業式で

○元気・やる気・根気

寒い冬が過ぎ、今年も春がやって来ました。今日は、始業式です。皆さん、一つずつ学年が上がりました。進級、おめでとう。

さて、校長先生から皆さんに、大切にしてほしい「三つの気」についてお話をします。

それは、「元気」「やる気」「根気」です。

「元気」は、勉強や運動をするための頑張る力です。

「やる気」は、いろいろなことをやってみようと思う心です。

「根気」は、やり始めたことを続ける態度です。

昨日の入学式では、「学校紹介」や「会場準備・後片付け」で、六年生の子たちの「元気」「やる気」が、たくさん見られました。

いろいろな場面で、皆さんの「元気・やる気・根気」の「三つの気」が見られることを、校長先生は楽しみにしています。

さて、皆さんも知っているように、東北地方で大変強い地震が起きました。大変多くの方がお亡くなりになったり、家がなくなって避難所で生活していたり、大変つらい生活をしていらっしゃいます。被災地の一日も早い復興を願いながら、皆さんは、○○小学校で学べる幸せを感じ、今やらなければならないことを考えて、勉強やいろいろな活動に一生懸命取り組んでほしいと思っています。いつか、日本中が幸せになる日が来ることを信じています。

友達と力を合わせて、一年間いろいろなことに取り組みましょう。

◆二〇一一年（平成二十三年）四月七日、東日本大震災直後に話した内容です。その後も、日本各地で震災などの大きな災害が起こっています。一日も早い復興を願っています。

○エジソンの話

今日は、始業式です。皆さん、一つずつ学年が上がりました。進級、おめでとう。

今日は、皆さんにエジソンのお話をします。

エジソンは、「発明王」といわれていますが、いくつ発明をしたか知っていますか。なんと千三百もの発明をしています。

特に有名なのは、電球や映画です。夜になっても明るい光の中で生活できたり、映画を楽しんだりすることができるのは、エジソンの発明がもとになっているのです。

しかし、発明は簡単ではありません。発明に失敗は付きものです。エジソンは電球を発明するまでに、何回失敗していると思いますか。

実は一万回失敗しているそうです。新聞記者に「あなたは電球を発明するのに、一万回も失敗したそうですね」と聞かれたエジソンは、「私は、失敗をしたのではありません。こうするとうまくいかないという方法を一万回発見したのです」と答えたそうです。

今日から新しい学年がスタートします。

「こんなことに挑戦するぞ」と思っている人がたくさんいると思います。挑戦にも失敗は付きものです。一日十回失敗しても、一年で三千六百五十回です。まだまだエジソンの失敗には及びませんね。

エジソンのように失敗をおそれず、どんどん新しいことや自分が決めたことに挑戦してください。

今年一年、「挑戦――チャレンジ」を胸に、友達と力を合わせて、頑張ってほしいと思っています。

○宝物

今日は、始業式です。皆さん、一つずつ学年が上がりました。進級、おめでとう。

今日は「宝物」のお話をします。

皆さんは「宝物」と言ったら、何を思い浮かべますか。金の延べ棒やダイヤモンドでしょうか。それとも、値打ちのある古いお金や掛け軸や絵でしょうか。これからお話しする宝物は、そういうものと少し違うかもしれません。自分が心を寄せ、思い出とともにとても大切に思える物、そういう宝物のお話をします。

学校で使ったノートや鉛筆、友達と一緒に遊んだボール、図画工作科の授業で作った作品など、それを見るといろいろな思い出がよみがえり、楽しくなったり元気になったり頑張ったことを思い出したりする……そういう物は、どれも宝物だと思います。

校長先生の宝物は、友達からもらった手紙や中学生の頃使っていたノートなど、たくさんあります。

その中でも、校長先生の一番の宝物は家にある机です。その机は、高校に入学した時に買ってもらった物です。違う物をお祝いに買ってもらうことになっていたのですが、お店で見て、とても気に入って買ってもらいました。

高校時代から今に至るまで使い続けて、もう四十年くらいになります。古くなってきていますが、買ってくれた両親の思いや自分のこれまでの頑張りが感じられ、校長先生の宝物になっています。

今日から新しい学年がスタートします。

「こんなことに挑戦するぞ」と思っている人がたくさんいると思います。友達と力を合わせて、いろいろなことに挑戦し、皆さんの思いや頑張りが詰まった「宝物」を、たくさん作ってください。

皆さんに、一つ一つ大切な宝物が増えていくと良いなと思っています。

◆現在、机は処分してなくなってしまいました。「今までありがとう」と声をかけて、机との別れを惜しみました。

○今、私にできること

今日は、始業式です。皆さん、一つずつ学年が上がりました。進級、おめでとう。

今日は、南アメリカの先住民に伝わる『ハチドリのひとしずく』というお話を紹介します。とても短いお話なので、全文を読みます。

森が燃えていました。

森の生き物たちは、われ先にと逃げていきました。

でもクリキンディという名のハチドリだけは、いったりきたり、くちばしで水のしずくを一滴ずつ運んでは、火の上に落としていきます。

動物たちがそれを見て、「そんなことをして、いったい何になるんだ」と言って笑います。

クリキンディは、こう答えました。

「私は、私にできることをしているだけ」

皆さんは、このお話を聞いて、どのような場面を想像しますか。校長先生は、他の動物たちから無駄なことをしていると笑われても、森の火事を消そうと、ハチドリが水のしずくを一滴ずつ運んでいる光景が浮かんできます。

このクリキンディという名前のハチドリのしていることを、どう思いますか。そして、どんなことが分かるでしょうか。

この『ハチドリのひとしずく』のお話は、私たちに、「今、私にできること」は何かを考え、真剣に勇気をもって行動することの大切さを教えてくれていると思います。

「今、私にできること」――皆さんは、毎日の生活の中でいろいろなことをしています。

○朝、元気にあいさつができます。

○友達がすばらしいことをしたら、拍手を送ることができます。

○友達と考えを話し合い、学びを深めることができます。

他にも多くのことがありますね。

皆さんは、学校や地域で、多くの人との「かかわりあい」の中で生活しています。ぜひ、これからも「今、私にできること」を考えて、過ごしてほしいと思っています。

今日から新しい学年がスタートします。

「こんなことに挑戦するぞ」と思っている人がたくさんいると思います。友達と力を合わせ、「今、私にできること」をいつも考えて、いろいろなことに勇気をもって挑戦してください。

さて、『ハチドリのひとしずく』を訳した辻信一さんは、本の最後にこう書いています。「さて、燃えていたあの森はその後、どうなったでしょう。森は燃えてなくなってしまったのでしょうか。それとも…。物語の続きを描くのはあなたです」と。

皆さんはどのような続きを考えますか。考えてみてください。

○がんのV字飛行

今日は、始業式です。皆さん、一つずつ学年が上がりました。進級、おめでとう。

今日は鳥の「がん」のお話をします。がんは、主に北の大陸で繁殖し、冬は日本など南の国に渡る渡り鳥です。がんは、長い渡りをする時、V字になって飛びます。なぜでしょう。それは、こんな理由があります。

がんが羽ばたくと、翼の先端から後ろに吹き下ろしの空気の流れができます。すると、下げた翼の両側には、上に流れる上昇気流が起きます。その上昇気流に乗るように、両側に一羽ずつ、がんが付きます。付いた二羽のガンは上昇気流を使って、少ないエネルギーで飛ぶことができます。

さらに、そのガンの後ろに付くと、同じように楽に飛ぶことができます。そのために、一羽のガンの両側の後ろに次々にがんが付き、V字になるのです。一羽で飛ぶのと比べ、かなり楽に飛ぶことができるのだそうです。

ただ、先頭のガンは、上昇気流がないので大変です。長く先頭を飛ぶと、疲れ切ってしまいます。疲れると先頭のがんは後ろに付きます。すると楽になります。代わりに、二番目に飛んでいるがんが先頭になります。これを繰り返して、がんの群れは遠くまで飛ぶことができるのです。先頭のがんはリーダーというわけではなく、順に代わっていくのです。また、一羽のガンが疲れて編隊を離れると、二羽のガンが飛んでいき、そのがんの前を飛んで助けるのだそうです。

新学期がスタートしました。新しいクラスになりましたね。皆さんで、がんのV字飛行のように、助け合って進んでほしいと思っています。

時には先頭になってください。疲れたら、次の子に先頭を渡せば良いのです。そして、周りをよく見て、疲れた子や困っている子がいたら、みんなで助けてあげてください。

二学期始業式で

○自分を磨く

皆さんは一人一人、自分の中に多くの可能性を持っている「ダイヤモンドの原石」であるとよく言われます。しかし、原石のままでは光り輝くことはありません。

皆さんの持っているダイヤモンドと、自然界にあるダイヤモンドでは大きく違っていることがあります。それは、自然界のダイヤモンドは、磨いて一度輝けば永遠に光り輝いていますが、皆さんの中にあるダイヤモンドは、磨くのをやめてしまうと、その輝きを失ってしまいます。そして、長い間磨かないでいると元の原石に戻ってしまいます。

光り輝き続けるためには、毎日の努力が必要です。また、光り輝くために、自分よりも硬いもので磨かないといけません。

自分よりすばらしいものを持っている友達と競い合ったり、偉人と呼ばれている人の伝記を読んだり、自分で頑張る目標を決めて努力を続けたり……こういうことが、自分より硬いもので「自分を磨く」ことになると思います。
毎日、自分をしっかり磨き、そして光り輝いている皆さんの姿を、いろいろな場面で見られることを楽しみにしています。

○のび太の結婚前夜

皆さんはドラえもんを知っていますか。九月三日は、ドラえもんの誕生日です。二一一二年の九月三日にドラえもんは誕生しました。今日はこのドラえもんの映画のお話をします。

一九九九年、「のび太の結婚前夜」という題のドラえもんの映画が公開されました。のび太くんは将来しずかちゃんという同級生の女の子と結婚するのですが、本当に結婚できるかどうか心配になり、ドラえもんのタイムマシンに乗って、結婚式前夜の未来に出かけます。

結婚式前夜、しずかちゃんのお父さんが、結婚生活を不安に思っているしずかちゃんにこう話をします。

「あの青年は、人の幸せを願い、人の不幸を悲しむことができる人だ。それがいちばん人間にとって大事なことだからね。彼なら間違いなく君を幸せにしてくれると、僕は信じているよ」

のび太くんは、勉強をはじめとして、いろいろなことができる子ではないのですが、相手の心が分かり、自分のことのように一緒に悲しんだり喜んだりできるという、とてもすばらしい心を持っています。その心のおかげで、しずかちゃんは結婚相手としてのび太くんを選んだのです。

二学期、運動会や展覧会、学級の活動や学習の中で、友達と力を合わせて一つ一つたくさんのことをやり遂げてください。そして、のび太くんのように、「人の心が分かる」すばらしい心を育ててほしいと思っています。

○耳の話

今日は「耳」のお話をします。実は、耳には三つの耳があると言われています。

一つ目は「鉄砲耳」です。

鉄砲耳というのは、鉄砲の弾のように、聞いたことが右から左にすぐに抜けてしまう耳です。

二つ目は「ざる耳」です。

ざる耳というのは、ざるのように、聞いたことが少しは残るけれど、ほとんど抜けてしまう耳です。

三つ目は「財布耳」です。

財布耳というのは、財布のように、聞いたことをしっかりと中に入れて、忘れない耳です。

二学期、運動会や学芸会、学級の活動や学習の中で、友達と力を合わせて一つ一つたくさんのことをやり遂げてください。そのためには、「財布耳」になり、先生や友達やお家の人から聞いたことを忘れずにいることが必要です。

「財布耳」になるためには、どうすれば良いのでしょう。それは、話をする人を見ながら心を込めてしっかり聞くことが大切です。

皆さんが「財布耳」になり、二学期を過ごしてほしいと思っています。

○「おはよう」のメッセージ

二学期が始まって、久しぶりに友達や先生に会いましたね。「おはよう」のあいさつはしましたか。

「おはよう」のあいさつはなぜするのでしょうか。それは、「私はあなたのことを、ちゃんと分かっています」、そして「あなたのことを大切に思っています」ということを伝えるのがあいさつだからです。

「おはよう」というあいさつを交わすことには、大切なメッセージがあると言われています。

「おはよう」という言葉をかけた人からは、「私は元気です。あなたはどうですか」という問いかけのメッセージがあります。

「おはよう」と応《こた》えた人からは、「私は元気です」という答えのメッセージがあります。そして、「今日も仲良くして、良い一日にしようね」と、お互いの気持ちを確認するメッセージがあります。

いつも使っている「おはよう」というあいさつには、とても大切なメッセージがあるのです。

元気よく「おはよう」とあいさつをし、声をかけられたら「おはよう」と言葉を返しましょう。そうすれば、きっと良い二学期になると思いますよ。

三学期始業式で

○江戸しぐさから学ぶ

皆さんは「江戸しぐさ」という言葉を知っていますか。知っている人は手を挙げてください。

今から二百年から三百年ほど前のことを江戸時代といいます。江戸は今の東京のことです。「しぐさ」はやり方ということです。今日は、江戸時代に使われるようになったといわれている「江戸しぐさ」のお話をします。

雨の日、傘を差している人同士が狭い道ですれ違う時、どうしたら良いでしょうか。そのまま進んでいくと傘と傘がぶつかってけんかになってしまうかもしれません。そういう時は、お互いに傘を相手のいないほうに傾けてすれ違うのです。これを「傘かしげ」と言います。

電車やバスで席がいっぱいで立っている人がいる時、座っている人全員がこぶし一つずつ腰を浮かせて横にずれます。そうすると、一人分の席を空けることができます。これは「こぶし腰浮かせ」という「江戸しぐさ」です。

どうして「江戸しぐさ」ができたのでしょうか。

江戸時代、当時の江戸には百万人もの人が住んでいて、世界一の大都市でした。人口の多い街で人々が仲良く暮らしていくために、お互いのことを思いやることが必要だったのです。

相手のことを考えて行動する「傘かしげ」「こぶし腰浮かせ」の他にもいろいろな「江戸しぐさ」があります。興味がある人は、ぜひ調べてみてください。

今日から、三学期が始まります。三学期は、まとめの学期です。勉強、運動、そしていろいろな活動を一生懸命に頑張って、自分の力をますます伸ばしましょう。そして、「江戸しぐさ」のように、相手を思いやる行動がたくさん見られる三学期にしてほしいと思っています。

○夢は見るものではなく叶えるもの

皆さんは一年の初めに、「こんな一年にしたい」「○○を頑張りたい」などと、夢や希望を心に刻んだことと思います。

日本を代表するスポーツ選手も、皆さんと同じ小学生時代に、将来の夢を思い描いていました。

ゴルファーの石川遼選手は、「ぼくの将来の夢はプロゴルファーの世界一だけど、世界一強くて、世界一好かれる選手になりたいです」と、卒業文集に書いています。

また、野球のイチロー選手は、「一流のプロ野球選手になる」と書いています。

サッカーの本田圭佑選手は、「世界一のサッカー選手になりたいというよりなる」と、六年生の時には目標を定めています。そして、三人は今、夢が叶い、世界の舞台で活躍しています。

どうして夢が叶ったのでしょう。その答えは三つあります。

一つ目は、「夢や目標をずっと持ち続けたこと」です。

二つ目は、「夢や目標に向かって努力したこと」です。

石川遼選手は、「もっとあの時にこうしていれば……とか後悔しないようにゴルフをやっていこうと思います」と、イチロー選手は、「僕は三歳の時から練習を始めています。三歳から七歳では半年くらいやっていましたが、三年生の時から今までは三百六十五日中三百六十日は激しい練習をやっています」と、そして、本田圭佑選手は、「世界一になるためには、世界一練習しないとダメだ」と作文に書いています。

三つ目は、「技術だけでなく、心を磨いていたこと」です。

つらい練習にも耐える心や感謝する心など、心を磨いていたのです。そのことは、「お世話になった人に招待券を配って応援してもらうのも夢」「親孝行する」という作文の言葉に表れています。

「夢は見るものではなく叶えるもの」と言われます。夢の途中で嫌になってやめてしまおうと思うことがあるかもしれません。そういう時は、今日のお話を思い出し、「やればできる。続けることで夢は叶う」と信じ、こつこつと努力を続けるようにしてほしいと思っています。

○すべては一歩から

皆さんは、教室から体育館の今いる場所まで何歩で来ましたか。校長先生は、校長室からこの舞台の上までで「百六十歩」でした。つまり、百六十回、繰り返し一歩ずつ進んだのです。

オリンピックの百メートル競技の世界記録を持っているウサイン・ボルト選手は、百メートルを四十一歩で走るそうです。ボルト選手の世界記録は、スタートの一歩から始まり、一歩一歩を積み重ねた四十一歩で達成したものです。

日本のロケット工学の第一人者である糸川英夫博士は、六十歳を過ぎてからクラシックバレエを始めたそうです。六十歳から始めたこともあり、バレエのレッスンで、うまく足が上がらずに大変苦労されました。

しかし、糸川さんはあきらめませんでした。

はじめに、自分の部屋のタンスのいちばん下の引き出しを引いて、その高さまで足を上げてみました。足は上がりました。

次の日、引き出しの上に新聞紙を一枚のせて、その高さまで足を上げました。毎日二時間、新聞紙を少しずつ増やして練習をしました。その結果、一年後には、足は頭の上の高さまで上がるようになったそうです。

糸川さんは、できないからやめるのではなく、できることから始めて、一歩ずつ続けていったのです。

自分の夢に向かっていく時に、遠くのゴールを見てしまいがちですが、今、目の前にあることにしっかり目を向けていくことが大切だと思います。

天才と言われる人ばかりではなく、努力を続けている人の姿はすばらしいです。頑張っている人を見ていると、自分も何か頑張ってやってみたくなりますね。

頑張るということは、時には、想像を超えるほどのつらさがあり、時間がかかります。でも、よく考えてみてください。すべてが「一歩から」始まるのです。

「できるようになりたいと思ったことを、できるまで続ける」ことは、私たちにもできると思います。

三学期は、一人一人が自分の一歩を踏み出す、そんな学期にしてほしいと思っています。

◆二〇一五年（平成二十七年）一月七日に話した内容です。記録は当時のものです。

○善いことを積み重ねよう

少し前のことですが、校長先生が電車に乗っていた時に、こんなことがありました。

各駅停車の電車の中はあまり混んでいませんでした。誰かに捨てられたお菓子の袋が一枚、ドアが開くたびに風に吹かれて移動し、座っている人の足にまとわりついていました。

しかし、嫌だなとは思っても誰も特に何もせず、その光景が繰り返されていました。

しばらくして、女性の足もとに袋がまとわりつきました。

その女性は手が汚れることを気にもせず、袋を拾い上げ、自分の鞄《かばん》に入れました。そして、次の駅で電車を降りていきました。

この女性は「誰でもできるけれど、誰も行わなかったこと」をしただけですが、校長先生には、この女性のしたことは、とても美しくすてきに見えました。また、同時に自分が袋を拾わなかったことを反省しました。

かつて聖徳太子《しょうとくたいし》は、自分の子である山背大兄皇子《やましろのおおえのおうじ》に、「悪いことはどんなに小さなことでも行ってはならないが、善いことはどんな小さなことでも行いなさい」という言葉を残したと言われています。

この言葉は、時代を超えて、今も大切にしたい言葉です。

聖徳太子の言葉にあるように、一人一人が、小さなことでも善い行いをしていけば、確実に良い学校に、そして良い世の中になっていくと思います。

身の回りのほんの小さなことでも善いことを積み重ね、みんなが心地良くなる、すてきな一年にしたいですね。

三学期は、一人一人が善いことを積み重ねる、そんな学期にしてほしいと思っています。

一学期終業式で

○「すいか」と「ねこ」、そして「は」「あ」「と」

皆さん、この一学期、どうでしたか。時には先頭に立ち、助け合って頑張ったでしょうか。友達と力を合わせて、いろいろなことに挑戦――チャレンジできたでしょうか。先頭に立って頑張ったこと、友達と仲良くしたこと、毎日の学習に努力したこと、運動会で頑張ったことなどを思い出してください。

皆さんは、「今、私にできること」に一生懸命頑張ったのではないかなと思います。一学期間に頑張ったことを、お家の人にたくさんお話ししてください。

明日から長い休みに入ります。「昨日よりも今日が一歩進んでいる」ように、自分の目標をしっかり持って毎日を過ごしてください。

夏休みには、「すいか」と「ねこ」に気を付けてください。

「すいか」の「すい」は水。プールや海での水の事故に気を付けてください。

「すいか」の「火」は火。火事に気を付けてください。

「ねこ」の「ね」は熱中症。水分をこまめにとって熱中症に気を付けてください。

「ねこ」の「こ」は交通事故。車に気を付け交通事故に遭わないようにしてください。

「すいか」と「ねこ」の他に、「は」「あ」「と」にも心がけるようにしてください。

「は」は「働きましょう」です。家のお手伝いをしっかりしましょう。

「あ」は「温めましょう」です。二学期にやりたいことを考え、温めておきましょう。

「と」は「とことん調べましょう」です。自由研究や読書など、しっかり調べる学習を進めましょう。


夏休み中に心配なことがあったら、学校やお家の人に伝えるようにしてください。事故がなく元気に過ごして、心も体も大きくなったよという姿を、九月一日に見せてください。

◆「すいか」と「ねこ」、そして「は」「あ」「と」をキーワードにして、毎年同じ話を繰り返して行い、子どもたちに内容を定着させようとしてきました。

二学期終業式で

○「おかし」「こい」

皆さん、この二学期、どうでしたか。先生や友達、そしてお家の人に、元気良く「おはよう」のあいさつができたでしょうか。そして仲良く過ごし、自分の力を伸ばすことができたでしょうか。

二学期の間に付いた皆さんの力や、できるようになったことを、お家の人にお話ししてください。

さて、冬休みに気を付けることを五つお話しします。キーワードは「おかし」「こい」です。

「おかし」の「お」はお金です。お年玉などお金を無駄遣いしないようにしてください。

「おかし」の「か」は火です。火事に気を付けてください。

「おかし」の「し」は知らない人です。知らない人に誘われても、ついて行かないようにしてください。

「こい」の「こ」は交通事故です。道路への飛び出し、特に自転車での飛び出しに気を付け、交通事故に遭わないようにしてください。

「こい」の「い」はインフルエンザです。手洗い・うがいをしっかり行って、インフルエンザにかからないように気を付けてください。

事故のないように元気に過ごして、一月七日には、元気な姿を見せてください。

◆二学期の終業式のキーワードは、「おかし」「こい」にし、毎年同じ話を繰り返し行ってきました。

三学期修了式で

○感謝の気持ちを

卒業式では、〇〇名の卒業生が、〇〇小学校を立派に卒業していきました。

皆さんを代表して五年生が式に参加し、卒業をお祝いしました。五年生の皆さんは、態度・呼びかけ・歌も大変立派でした。

先ほど学年の代表の人に修了証を渡しました。今日で、学校の一年間が終了します。皆さんの勉強や生活面での頑張りは、どうでしたか。「頑張ったよ」と言えるでしょうか。

皆さんがいろいろなことに頑張れたり、いろいろなことができるようになったりしたのは、皆さんの力だけではありません。いろいろと教えてくれたり助けたりしてくれた友達、安全に通学できるように交通指導をしてくださった交通指導員さんや地域の方々、そして、いつも見守ってくださった家族、その他にもたくさんの人たちのおかげです。みんなが、お互いに助けられたり助けたりしながら生活しているのです。

この一年間、皆さんを支え助けてくれた人に対する感謝の気持ちを言葉や行動で表してください。お家の人に「ありがとう」と言っていますか。毎日見守ってくれる交通指導員さんに「ありがとう」と言っていますか。

良いことが起こると「ありがとう」と思えるのですが、当たり前のことには、なかなか「ありがとう」と感謝することができないものです。

この一年間、健康で安全に学校に通えたことに感謝してください。当たり前のように思えるかもしれませんが、いろいろな人の支えや助けがあったから、今日の修了式を迎えることができたのです。

修了式が終わったら、担任の先生から通知表がいただけます。皆さんの頑張りを、通知表に書いてくださっています。

頑張った自分にも「ありがとう」と言いましょう。そして、皆さんを一生懸命に教えていただいた先生方に、優しかった友達に「ありがとう」と感謝の気持ちを言葉で表してほしいと思っています。

四月から新しい学年になります。ぜひ来年度も、感謝の気持ちをもって、難しいことにチャレンジしたり、責任をきちんと果たしたりするなど、ますます自分を成長させるようにしましょう。

春休みに入ります。交通事故に気を付けて過ごしてください。四月に、元気な皆さんに会えることを楽しみにしています。

◆三学期の修了式では、支えていただいた多くの方々へ、感謝の気持ちを言葉や行動で表しましょうという話を、毎年繰り返し行ってきました。頑張った自分にも「ありがとう」の言葉をかけることを大切にしてほしいと、伝えてきました。

卒業式で

○猿渡瞳さんの生き方

○○名の卒業生の皆さん、ご卒業おめでとうございます。今、皆さん一人一人に卒業証書を渡しました。「小学校の課程を修了したことを認め卒業を証します」という二十三文字に、六年間の頑張りや思い出がぎっしり詰まっています。

皆さんは、この六年間「よく学び」「よく遊び」、何事にも一生懸命に取り組みました。また、学校のいろいろな活動の中に自分で楽しみを見付け、学習を深めたり活動を盛り上げたりして、学校生活を充実したものにしました。

特に、この一年間は○○小学校の最高学年として活躍しました。「入学式」や「一年生を迎える会」での活躍、縦割り活動や委員会活動の時に下級生をリードする姿、仲間や下級生と仲良く遊ぶ姿。そして、先ほどの決意を述べる姿……本当に立派です。

この一年間、皆さんは「優しさ」「真剣さ」「ねばり強さ」の三つの心で、○○小学校のリーダーとして、立派にその役目を果たしました。皆さんの姿を手本にして、在校生も、あとをしっかり引き継いでくれると思います。

中学校に進んでも、○○小学校で見せてくれた三つの心をもって、立派な中学生になってほしいと願っています。

さて、卒業に当たって皆さんに、猿渡《さるわたり》瞳《ひとみ》さんという人の生き方についてお話をします。

猿渡瞳さんは、小学校六年生の時に骨肉腫という骨のガンにかかり、約一年半の闘病生活ののち、わずか十三歳（中学二年生）で亡くなりました。

瞳さんは、自分がガンであるということを知った時、「ママ！　あたしいっぱい泣いて、そしてね、思ったの。ママがガンじゃなくて、あたしがガンで本当に良かった。ママがガンだったら、私のほうがつらくて一週間も生きていけなかった。あたしだったらガンになんか負けないもん。ママ、教えてくれてありがとう」と話します。

その後、抗ガン剤の投与とつらい検査に耐えて治療を続けていく中で、つい昨日まで励まし合っていた病棟の人たちの命が、一瞬にして失われていく現実を目にします。そんな経験を重ねる中で瞳さんは、亡くなっていった命から託されたメッセージを、自分が伝えていくことが自分の使命であると考えるようになります。

症状が進み、自由に動けない身で弁論大会への出場を志し、当日の明け方まで発表の作文の手直しをして、大会に参加しました。その弁論大会で瞳さんが発表した作文「命を見つめて」の一部を紹介します。

皆さん、皆さんは本当の幸せって、何だと思いますか。

実は、幸せが私たちのいちばん身近にあることを、病気になったおかげで、知ることができました。それは、地位でも、名誉でも、お金でもなく「いま生きている」ということなのです。

闘病生活の間に、一緒に病気と闘ってきた十五人の大切な仲間が、次から次に亡くなっていきました。

小さい赤ちゃんから、おじいちゃん、おばあちゃんまで、年齢も病気もさまざまです。厳しい治療と、あらゆる検査の連続で、心も体もボロボロになりながら、私たちは生き続けるために、必死に闘ってきました。しかし、あまりにも現実は厳しく、みんな一瞬にして亡くなっていかれ、生き続けることが、これほど困難で、これほど偉大なものかということを思い知らされました。

私がはっきり感じたのは、病気と闘っている人たちが、誰よりもいちばん輝いていたということです。そして、健康な体で学校に通ったり、家族や友達と当たり前のように、毎日を過ごせるということが、どれほど幸せなことかということです。たとえ、どんなに困難にぶつかって悩んだり、苦しんだりしたとしても、命さえあれば、必ず前に進んでいけるのです。

生きたくても、生きられなかったたくさんの仲間が、命をかけて教えてくれた大切なメッセージを、世界中の人々に伝えていくことが私の使命だと思っています。

一日一日が、とても大切なのです。病気になったおかげで、生きていく上で、いちばん大切なことを知ることができました。

今では、心から病気に感謝しています。私は、自分の使命を果たすため、亡くなったみんなの分まで、精一杯生きています。

皆さんも、いま生きていることに感謝して、悔いのない人生を送ってください。

瞳さんは、弁論大会から二ヶ月後、

「私の体、ありがとう。骨肉腫、ありがとう。もう演技は終わったよ。これからは、最高の健康体になるからね。この苦しみを知ったおかげで、たくさんの人の痛みが分かるようになれたから、世界中の人を救いに行けるあたしになれたよ。あ・り・が・と・う」

という言葉を残して亡くなりました。

瞳さんの「命のメッセージ」を感じてください。

瞳さんは、ガンとの闘病生活を通して、「命の尊さ」や「一日一日を精一杯生きることの大切さ」を訴えかけています。卒業生の皆さん、毎日生活していることを当たり前のように感じるかもしれませんが、毎日元気で生活できることが本当はとても幸せなことだと思います。ご家族をはじめ多くの方々に支えられて元気に毎日の生活が送れ、これまでの十二年間があり、そして今日の卒業式を迎えることができたのです。

これまで育てていただいたご家族に感謝し、命の尊さや元気に頑張れることの喜びや幸せを感じてください。ひたむきに生き続けた瞳さんの「命のメッセージ」を受け止め、今、こうして生きていることに感謝し、自分にできることは何だろうかを考え、一日一日を大切にして、悔いのない人生を歩んでほしいと願っています。

卒業生の皆さん、○○小学校の卒業生であることを誇りに思ってください。感謝の心をもって、今この一瞬を大切にしてほしいと思います。皆さんのこれからの人生が輝かしい人生でありますように願って、私の式辞といたします。

○置かれた場所で咲きなさい

○○名の卒業生の皆さん、ご卒業おめでとうございます。今、皆さん一人一人に卒業証書を渡しました。その卒業証書は、皆さんの六年間にわたる努力の結晶ですが、また同時に、ご家族の方々の皆さんに対する思いや愛情が凝縮したものでもあります。ぜひ、その思いに感謝してほしいと思います。

皆さんは、この六年間「よく学び」「よく遊び」、何事にも一生懸命に取り組みました。特に、この一年間は○○小学校の最高学年として活躍しました。「入学式」や「一年生を迎える会」での活躍、縦割り活動や委員会活動の時に下級生をリードする姿、仲間や下級生と仲良く遊ぶ姿。そして、先ほどの決意を述べる姿……本当に立派です。

この一年間、皆さんは「思いやりの心」「真面目に取り組む心」「ねばり強く努力を続ける心」の三つの心で、○○小学校のリーダーとして、立派にその役目を果たしました。皆さんの姿を手本にして、在校生も、あとをしっかり引き継いでくれると思います。

中学校に進んでも、○○小学校で見せてくれた三つの心をもって、立派な中学生になってほしいと願っています。

さて、卒業に当たって皆さんに、一冊の本を紹介します。渡辺和子さんの『置かれた場所で咲きなさい』という本です。

彼女は、八十歳を超えた今でも、岡山県にあるノートルダム清心学園の理事長として、またシスターとして、人々の心に残る言葉を贈り続けられており、多くの人々の心の支えとなっています。

彼女は三十六歳の時、ノートルダム清心女子大学の学長になります。東京から大学のある岡山に来た彼女は、この本の中で、

『初めての土地、思いがけない役職、未経験の事柄の連続、それは私が当初考えていた修道生活とは、あまりにもかけはなれていて、私はいつの間にか〝くれない族〟になっていました。「あいさつしてくれない」こんなに苦労しているのに「ねぎらってくれない」「わかってくれない」

自信を喪失し、修道院を出ようかとまで思いつめた私に、一人の宣教師が一つの短い英語の詩を渡してくれました。その詩の冒頭の一行、それが「置かれた場所で咲きなさい」という言葉だったのです。

私は変わりました。そうだ。置かれた場所に不平不満を持ち、他人の出方で幸せになったり不幸になったりしては、私は環境の奴隷でしかない。人間と生まれたからには、どんなところに置かれても、そこで環境の主人となり自分の花を咲かせようと、決心することができました。それは「私が変わる」ことによってのみ可能でした』

と述べています。

「置かれた場所」は、時には、皆さんにとって「こんなはずじゃなかった」とか「ちっとも分かってくれない」など、つらく苦しい場所であるかもしれません。

「咲く」というのは、その現状を仕方がないとあきらめて生活することではありません。その状況の中に幸せを見付けて、笑顔で生活するということだと思います。そのことが、周りの人たちを幸せにし、自分の生活を豊かなものにしていくことにつながるのです。

また、彼女はこの本の中で、河野進さんの「ぞうきん」という詩を取り上げています。

ぞうきん

こまった時に思い出され

用がすめば　すぐ忘れられる
ぞうきん
台所のすみに小さくなり
むくいを知らず
朝も夜もよろこんで仕える
ぞうきんになりたい

という詩です。

彼女は、自分の体験から、「境遇を選ぶことはできないが、生き方を選ぶことはできる。一人一人が置かれた場所で、一日一日を精一杯生き、ぞうきんのように自分の役割をしっかり果たすことが大切である」ことを伝えてくれています。

河野さんは、「ぞうきん」の他に、「使命」という詩も書いています。

使命

まっ黒いぞうきんで
顔はふけない
まっ白いハンカチで
足はふけない
用途がちがうだけ
使命のとおとさに変りがない
ハンカチよ　たかぶるな
ぞうきんよ　ひがむな

という詩です。

ぞうきんにはぞうきんの、ハンカチにはハンカチの使命があり、どちらが良くてどちらが良くないということはありません。

同じように、皆さんには、置かれた場所で果たすべき使命が一人一人に与えられ、何が良くて何が良くないかはないのです。

卒業生の皆さん、何よりも健康が第一です。これまで十二年間、育てていただいたご家族に感謝し、元気に過ごせ頑張れることの喜びや幸せを感じてください。今、こうして元気でいることに感謝し、自分にできることは何だろうかということを考えてください。

自分の使命を考え、置かれた場所の中に幸せを見付けて笑顔で生活してください。それぞれが満開の花を咲かせることを心から願っています。

卒業生の皆さん、〇〇小学校で学んだこと、そして〇〇小学校の卒業生であることを誇りに思ってください。感謝の心をもって、今この一瞬を大切にしてほしいと思います。皆さんのこれからの人生が輝かしい人生でありますように願って、私の式辞といたします。

◆二〇一三年（平成二十五年）三月十九日に話した内容です。渡辺和子さんは二〇一六年（平成二十八年）十二月三十日、八十九歳で亡くなられました。ご冥福をお祈りします。

〇三つの言葉

〇〇名の卒業生の皆さん、ご卒業おめでとうございます。今、皆さん一人一人に卒業証書を渡しました。「小学校の課程を修了したことを認め卒業を証します」という二十三文字に、皆さんの六年間にわたる努力や思い出が、ぎっしり詰まっています。

また同時に、皆さんに対する、ご家族の方々の思いや愛情もいっぱい詰まっています。ぜひ、その家族の方々の思いに、「ありがとう」の一言を添えて、感謝の気持ちを表してほしいと思います。

六年前の春、入学した時と平均を比べてみると、身長は約三十五センチ高くなり、体重は二倍くらいになりました。体の成長だけでなく、皆さんは、いろいろなことができるようになりました。自分の考えを持つこと、人を思いやること、苦しいこともあきらめずに努力を続けることなど、心の成長が見られ、特にこの一年間は、○○小学校のリーダーとして、立派にその役目を果たしました。

皆さんの姿を手本にして、在校生も、あとをしっかり引き継いでくれると思います。

今、自分の夢を多くの人の前で発表しました。中学校に進んでも、自分の夢に向かって胸を張って進み、立派な中学生になってほしいと願っています。

さて、卒業に当たって皆さんに、大切にしてほしい「三つの言葉」についてお話をします。

まず初めは、「ありがとう」という言葉です。

「ありがとうの言葉は、人を優しくします」

「ありがとう」と感謝の心を言葉で表すことで、相手から優しさが返ってきて、優しさを返してもらう心地良さを感じることができます。そのことで、人に対して素直な気持ちで接することができるようになり、感謝の心をもって、今まで以上に優しく行動することができるようになるのです。

「ありがとう」は、みんなの心も相手の心も優しくする言葉です。

次は、「ごめんなさい」という言葉です。

「ごめんなさいの言葉は、人に素直な心と知恵を与えます」

人は、誰でも、過ちや失敗をしてしまうことがあります。その時に、心から「ごめんなさい」と謝ることで、関係を悪くすることなく、元のように付き合うことができます。

そして、「ごめんなさい」と言うたびに、過ちや失敗を繰り返さないようにするためには、どうしたら良かったのかということを反省し、行動の仕方について知恵を身に付けることができるようになるのです。

「ごめんなさい」は、自分に素直な心と知恵を与える言葉です。

三つ目は、「さようなら」という言葉です。

「さようならの言葉は、人の愛情の深さを知ります」

人は、別れの時になって、多くの人に愛され大切にされていたことに、あらためて気付くものです。

ともに考え一緒に悩んだ友達の優しさや思いやりも、別れる今になってあらためて強く感じているのではないでしょうか。また、これまでいろいろとお世話になった担任の先生方の、厳しさの中にある優しさや温かな愛情を、あらためて感じていることでしょう。別れは、人が自分に注いでくれた愛の深さを知る機会になります。そして、別れの体験を繰り返すことで愛の深さを知り、人に愛情をもって接することができるようになるのです。

「さようなら」は、人の愛情の深さを知る言葉です。

卒業生の皆さん、何よりも健康が第一です。これまで十二年間、育てていただいたご家族に感謝し、元気に過ごせ頑張れることの喜びや幸せを感じてください。今、こうして元気でいることに感謝し、自分にできることは何だろうかということを、常に考えてほしいと思います。

「ありがとう」「ごめんなさい」「さようなら」の三つの言葉の意味をかみしめながら、「今、自分にできること」を考え、自分の人生の中に幸せを見付けて笑顔で生活してください。

皆さんの人生が大きく花開き、満開の花を咲かせることを心から願っています。

卒業生の皆さん、○○小学校で学んだこと、そして○○小学校の卒業生であることを誇りに思ってください。感謝の心を持ち、今この一瞬を大切にしながら、自分の夢に向かって努力を続けてほしいと思います。皆さんのこれからの人生が輝かしい人生でありますように願って、私の式辞といたします。

○Aさんの話

○○名の卒業生の皆さん、ご卒業おめでとうございます。今、皆さん一人一人に卒業証書を渡しました。「小学校の課程を修了したことを認め卒業を証します」という二十三文字に、皆さんの六年間にわたる努力や思い出が、ぎっしり詰まっています。

また同時に、皆さんに対する、ご家族の方々の思いや愛情もいっぱい詰まっています。ぜひ、そのご家族の方々の思いに、「ありがとう」の一言を添えて、感謝の気持ちを表してほしいと思います。

六年前の春に入学した時から、皆さんは、大きく成長しました。体の成長だけではなく、いろいろなことができるようになりました。自分の考えを持つこと、人を思いやること、苦しいこともあきらめずに努力を続けることなど、頭や心の成長も見られました。

特にこの一年間は、〇〇小学校のリーダーとして、立派にその役目を果たしました。皆さんの姿を手本にして、在校生も、あとをしっかり引き継いでくれると思います。今、自分の夢を多くの人の前で発表しました。中学校に進んでも、自分の夢に向かって胸を張って進み、立派な中学生になってほしいと願っています。

さて、卒業に当たって皆さんに、「Aさんのお話」をします。

Aさんは中学一年の元気な女の子です。お母さんは病気で亡くなっていて、お父さんとの二人暮らしです。お父さんは仕事の時間が不規則なので、Aさんは近くのお祖母《ばあ》さんの家に泊まることもたびたびありました。家では、Aさんが洗濯を、お父さんが掃除や食事をと家事を分担していました。

Aさんは、順調に中学校生活をスタートさせましたが、昼食の時間が好きになれませんでした。Aさんの小学校は給食でしたが、中学校はお弁当か買ってきたパン等を食べるようになっていました。お弁当は、遅く帰ってきてもお父さんが作ってくれるのですが、それは質素で見栄えが悪かったのです。実はAさんは、友達からお弁当を冷やかされたことがあり、それから、弁当箱のふたで隠して少しだけ食べ、残りは捨てていたのです。

ある朝のこと、Ａさんが起きると、お父さんがうれしそうに、「今日はお弁当に大好きな海老フライを入れておいたよ」と言ってきました。Ａさんは、黙って弁当を持って学校に行き、誰もいないところでこっそり中身を確認しました。海老フライが五本入っていましたが、殻の剥《む》き具合がひどい上に衣の彩りも悪く、とても食べる気になれなくて中身を全部捨ててしまいました。

憂鬱な気分と空腹で家に帰ると、今日は夕方から仕事に行くお父さんが、今日のお弁当のことを聞いてきました。Ａさんは適当に受け流していましたが、お父さんは今日に限って何度もしつこく尋ねてきました。Ａさんはその時とてもイライラしていたので、「うるさいな！　あんな汚いお弁当は捨てたよ。もう作らなくていいから」と、怒鳴ってしまいました。お父さんはハッとして、とても悲しそうな表情になりました。そして、黙って仕事に出かけて行きました。

次の日、お弁当の用意はなく、代わりにお金が置いてありました。朝食後、食器を片付けに流しに行くと、昨日の海老フライの殻と、血のついたティッシュの山が目に入りました。

夕方、Aさんは家に帰るのが気まずくて、お祖母さんの家で夕食を食べました。食事が終わった後、お祖母さんは昨日の海老フライはどうだったかと尋ねました。Aさんが、なぜお弁当の中身を知っているのかと聞くと、お祖母さんはこう話しました。

「昨日の朝四時頃だったかね。お父さんが私に電話をかけてきて、海老フライの作り方を聞いてきたのさ。料理が得意じゃないから、別なものにしたらと言ったんだけれど……。昨日は、あなたのお母さんの誕生日だったでしょ。それで、お父さんは、あなたが大好きでお母さんの得意料理だった海老フライを作ったのさ。『殻が上手《うま》く剥けなくて不細工になったけれど、喜んでくれるかなぁ』って心配していたよ」

次の日の朝、お父さんは遅い出勤なので、まだ寝ています。Aさんは早起きして、お弁当を二つ作りました。もちろんおかずは海老フライ。殻剥きで手に血が滲《にじ》んでも、何とか本を見ながら一人で作りました。上手には作れませんでしたが、テーブルの上にお父さんの分のお弁当を置いたAさんは、「ひどいことを言ってごめんなさい。これからも、お父さんのお弁当食べたい」と書いた手紙を添えました。昨晩買った切り傷用の小さな塗り薬と一緒に……。

「Aさんのお話」は、これで終わりです。

人と人のつながりで世の中は成り立っています。友達・先生など多くの方々とのつながりやかかわりの中で、皆さんは成長してきました。

その中でも、ご家族の方の皆さんに対する思いは深く、目に見えるところだけでなく、目に見えない多くのところで、皆さんの育ちや学びを支えてくれています。

これまで十二年間、育てていただいたご家族に感謝し、元気に過ごせ頑張れることの喜びや幸せを感じてください。

人と人とのつながり、特に家族の方からの愛情や思いの深さをかみしめながら、「今、自分にできること」を考え、自分の人生の中に幸せを見付けて笑顔で生活してください。

時には困難なことに対して、どうしたらいいか分からなくなることがあると思います。

そんな時には、一人で悩まずに、先生や友達、そしてご家族の方に相談してください。

皆さんの人生が大きく花開き、満開の花を咲かせることを心から願っています。

卒業生の皆さん、○○小学校で学んだこと、そして○○小学校の卒業生であることを誇りに思ってください。感謝の心を持ち、今この一瞬を大切にしながら、自分の夢に向かって努力を続けてほしいと思います。皆さんのこれからの人生が輝かしい人生でありますように願って、私の式辞といたします。

○かあさんのこもりうた

○○名の卒業生の皆さん、ご卒業おめでとうございます。今、皆さん一人一人に卒業証書を渡しました。「小学校の課程を修了したことを認め卒業を証します」という二十三文字に、皆さんの六年間にわたる努力や思い出が、ぎっしり詰まっています。

また同時に、皆さんに対する、ご家族の方々の思いや愛情もいっぱい詰まっています。ぜひ、そのご家族の方々の思いに、「ありがとう」の一言を添えて、感謝の気持ちを表してほしいと思います。

六年前の春に入学した時から、皆さんは、大きく成長しました。体の成長だけではなく、多くのことを学び、身に付けてきました。自分の考えを持つこと、人を思いやること、苦しいこともあきらめずに努力を続けることなど、頭や心の成長も見られました。

特にこの一年間は、○○小学校のリーダーとして、立派にその役目を果たしました。皆さんの姿を手本にして、在校生も、あとをしっかり引き継いでくれると思います。

今、自分の夢を多くの人の前で発表しました。中学校に進んでも、自分の夢に向かって胸を張って進み、立派な中学生になってほしいと願っています。

さて卒業に当たって、皆さんに『かあさんのこもりうた』という絵本のお話をします。

「熊の兄妹《きょうだい》たちが眠る前、いつも子守歌を歌ってくれる熊のお母さん。嵐が来た日、お母さん熊は出かけたきり二度と戻りませんでした。元気を無くした兄妹熊たちでしたが、お母さん熊のあの子守歌が外から聞こえ、元気を取り戻します」というお話です。

この絵本は、宮城県亘理町《わたりちょう》の小野さんの家族に、実際に起こった出来事を元にして作られました。

小野さんは、お父さん・お母さんと三人の子どもたちの仲良し五人家族でしたが、東日本大震災の津波で、お母さんだけが命を落としてしまいます。お母さんは一度は安全な場所に避難しましたが、子どもたちが逃げ遅れているのではないかと心配して家に戻り、流されてしまいました。お母さんがいなくなって小野さん一家は、とても悲しい毎日を送っていました。

そんなある日、亡くなったお母さんから三人の子どもたちに宛てた手紙が届いたのです。この手紙は三年前にお母さんが子どもたちに宛てて書いておいたもので、この日に届けられることになっていました。希望を失って暗い日々を送っていた小野さん一家は、時をこえて届いたお母さんからの手紙を握りしめながら、再び希望に向かって歩き始めます。

さて皆さん、この手紙にはどんなことが書いてあったと思いますか。一部を紹介します。お母さんに口答えして反発ばかりしていたお姉さんには、「この手紙が届いた時、あなたは何をしているでしょうか。お母さんの手伝いは口答えをしながらも、一生懸命頑張ってくれて、お母さんはとてもとても感謝していました」という内容の手紙が届きました。

絵本では、お母さん熊の子守歌として「だいすき　だいすき　だいすきよ　がんばりやの　おねえちゃん　いつも　いつでも　みているよ」と歌われています。

お母さんは、口答えばかりしていたお姉さんのことを、ちゃんと見ていたのです。お母さんの、子どもへの深い思いと深い愛情を感じます。

皆さんのお母さんもそうですが、お母さんは命がけで子どもを産み、すべての力を子どもを育てることに注いできています。そのお母さんの思いを、ご家族の方々が共有し、皆さんが、自分を大切にし、心身ともに健康で思いやりの心をもって健やかな日々を送ってほしいと願っています。

そのご家族の思いは、産まれた時の最初のプレゼントとして、皆さん一人一人にちゃん

と渡されています。それは、皆さんの「名前」です。皆さんの名前には、

「病気をせずに健康に育ってほしい」

「知識や知恵をたくさん身に付けてほしい」

「自分も相手も好きになり、命を大切にしてほしい」

「弱いものや小さいものを大切にし、思いやりの心をもってほしい」

「多くの共に高め合える仲間を作ってほしい」


など、ご家族の方々の思いがいっぱい込められ、一人一人が持っている宝物ともいえます。その思いが詰まった「名前」には、すばらしい力があるのです。

友達・先生など多くの方々とのつながりやかかわりの中で、皆さんは成長してきました。その中でも、皆さんに大切な「名前」を付けていただいた、ご家族の方の皆さんに対する思いは深く、目に見えるところだけでなく、目に見えない多くのところで、皆さんの育ちや学びを支えてくれています。

これまで十二年間、育てていただいたご家族に感謝すると同時に、一人一人の宝物である「名前」を大切にしてください。そして、多くの方々のおかげで、今、皆さんが元気に過ごせ頑張れることの喜びや大切さを感じてください。

自分の「名前」を大切にすることは、相手の「名前」を大切にすることになり、良い人間関係を築きます。その結果、支え合い高め合う仲間を多く持ちながら、自分の夢の実現に向かって進むことができます。自分の「名前」を大切にし口にすることで、ご家族の方からの愛情や思いの深さをかみしめてください。そして、自分の人生の中に、目標と幸せを見付けて笑顔で生活してください。

時には困難なことに対して、どうしたらいいか分からなくなることがあると思います。そんな時には、自分の「名前」を言ってみましょう。ご家族の方からの思いを力にすることができると思います。そして、先生や友達、ご家族の方に相談し、一人で悩まないようにしてください。皆さんの周りには、こんなにすてきな人たちや仲間がいるのです。

皆さんの人生が大きく花開き、満開の花を咲かせることを心から願っています。

卒業生の皆さん、〇〇小学校で学んだこと、そして〇〇小学校の卒業生であることを誇りに思ってください。自分の「名前」を大切にしてください。そして、常に感謝の心を持ち、「今、私にできること」を考え、自分の夢に向かって努力を続けてほしいと思います。皆さんのこれからの人生が輝かしい人生でありますように願って、私の式辞といたします。

環境ウィークで

○もったいないの気持ち

今週は環境学習ウィークです。

「環境」ということにかかわって、私たちの住んでいるこの地球の自然や資源を守りましょうというお話をします。

皆さんは「もったいない」という言葉を知っていますか。まだ使える物をどんどん捨ててしまったり、誰もいない部屋のテレビや電気がつけっぱなしになっていたり……そんなことを「もったいない」と言います。

人がたくさん集まって急に町の人口が増えた江戸時代では、ゴミの処理に最も知恵を使い、使える物は使うなどの「もったいない」の精神があふれていました。障子を張り替えた古い紙や鼻をかんだ紙、古い傘、古い茶椀などを作り直したり修理したりして再生品として売ったり、着物を仕立て直して何代にもわたって着たりしていたそうです。

江戸時代の人の知恵を参考に、「物を大切に最後まで使う」「無駄な物を買わない」「電気のつけっぱなしをしない」など、皆さん一人一人ができることから始めましょう。

○もったいないばあさん

図書室でこの本を見つけました。真珠まりこさんが描いた『もったいないばあさん』という絵本です。

読んだことがある人、手を挙げてください。

これは、「水を出しっぱなしにしていてもったいない」と言って、もったいないばあさんがやって来たところです。使わないのに水を出しっぱなしにしていては、もったいないですね。

これは、「くしゃくしゃにしてまるめた紙がもったいない」と言って、もったいないばあさんがやって来たところです。使える紙をくしゃくしゃにしては、もったいないですね。

まだ使える物を捨ててしまったり、誰もいない部屋のテレビや電気がつけっぱなしになっていたり、そんな時には「もったいない」と言って、もったいないばあさんがやって来そうです。

今週は環境学習ウィークです。

「水を出しっぱなしにしない」「物を大切に最後まで使う」「電気をつけっぱなしにしない」など、皆さん一人一人ができることから始め、もったいないばあさんに「もったいなーい」と言われないようにしましょう。

普段もそうですが、環境学習ウィークには特に「もったいない」という気持ちを持って生活してほしいと思っています。

◆　該当する絵本の場面を示しながら話をしました。

○カストーディアル

今日は「カストーディアル」のお話をします。「カストーディアル」……聞いたことありますか。

聞いたことのある人は手を挙げてください。

「カストーディアル」というのは、あることをする人たちのことですが、ヒントを出しますので、その人たちがいる場所を当ててください。

ヒント① アメリカ生まれ
ヒント② 城がある
ヒント③ ネズミ
ヒント④ 夢と感動
ヒント⑤ 千葉県

（考えた子を指名して）そうですね。正解は「東京ディズニーランド」です。

東京ディズニーランドが大切にしていることは、「お客様に夢と感動をプレゼントすること」だそうです。そのために、特別に大切にしている仕事があると聞きました。その仕事をする人たちのことを「カストーディアル」と呼んでいます。

実は「カストーディアル」というのは、「掃除係」の人たちのことです。

「東京ディズニーランド」では、夢と希望をプレゼントするために、いちばん気を遣っていることは、ゴミ一つ落ちていない場所にすることなのです。「掃除の目標」を立て、朝から晩まで、そして夜中も、毎日毎日掃除をしているそうです。その目標は、「赤ちゃんがハイハイしても大丈夫なくらい、きれいにする」です。本当に、東京ディズニーランドは、いつでもゴミ一つないほどきれいです。

最後に、夜中に掃除をする「ナイトカストーディアル」の人のお話をします。

東京ディズニーランドの役員である北村さんが、自分もナイトカストーディアルとして掃除をし、夜中の午前三時頃、トゥモローランドのトイレの前を通りかかった時、中から話し声が聞こえてきました。

北村さんが不思議に思って近付いてみると、若い男のナイトカストーディアルが便器に話しかけながら掃除をしていました。北村さんはびっくりして、なぜ便器に話しかけているのかと彼に聞きました。

彼はこう話をしました。


僕は自分で希望してこの職業を選んだけれど、この仕事が嫌で嫌でしかたがありませんでした。夜はやっぱり寂しいし、こんな広いところを少ない人数でピカピカにするのはつらい。どうしてこんなことをやっているのか、情けなくなってきたんです。何度も辞めようと思った。でも、本場のアメリカのディズニーランドへ行って、考え方が変わったんです。

アメリカのナイトカストーディアルは「こんなすばらしい仕事をどうして嫌がるんだ。

僕は全然寂しくないよ。なぜだか教えてやろうか」と言ってトイレに連れて行ってくれたんです。それで「これはみんな僕の友達だよ。名前もあるんだ」と言って、ずっと並んだ便器を「トム、ジャック、スティーブ……」と順番に呼んで紹介してくれました。「僕は毎晩彼らと話をしながら仕事をしているんだ」と言うなり、彼は「トム、どうだい元気かい。そうか、今日は思いっきり汚されたからきれいにしてくれって？ よし、思いっきりきれいにしてやるよ」なんて言いながら掃除し、「こうしてきれいにしてあげると、便器も喜ぶし、お客さんも喜ぶんだ。そして、僕も楽しいよ」と言うのです。

アメリカのナイトカストーディアルの話を聞いて、よし、僕もこれでいこう。そう思って、日本に帰ってきてから頑張っているんです。

今日は「カストーディアル」のお話をしました。ぜひ皆さんも、○○小学校のカストーディアルになって本気で掃除をし、赤ちゃんがハイハイしても大丈夫な学校にしてください。

○水は限りある資源

今日は、作文を紹介します。福島県の小学校三年生の女の子が書いた作文の一部です。

わたしは、福島県に住んでいて、東日本大しんさいをけいけんしました。大きな地しんで、何回も何回もゆれました。ゆれが少しおさまった時、お母さんが、「水が止まってしまうから、早く水をくまないと！」と大さわぎしていました。わたしは、はじめ何のことだかわかりませんでしたが、しばらくして大へんなことが起きたことに気づきました。のむ水、手や食っきをあらう水、トイレやおふろの水すべてが止まってしまったのです。今までは、水道のじゃ口をひねれば出ていた水が、一てきも出なくなってしまいました。わたしは、はをみがく時、水を出しっぱなしにしていました。もったいないことをしてしまったと思い、はんせいをしました。

一週間水がない生活をして、水がじゃ口から出た時は家ぞくみんなでよろこび、水があることにかんしゃしました。水があることをあたりまえだと思って生活していましたが、水がないことがどんなに大へんなことなのか、しんさいをけいけんしてわかりました。

せかい中の人が、当たり前にある水をどんどん使っていったら、いつかきっとなくなってしまうのではないかと思いました。青い地球が茶色にかわらないように、わたしたち人間は、大切な水をむだに使わないように気をつけながら生活しなくてはいけないと思いました。

水が出るようになれば、食事の準備や後片付けや洗濯に困ることなく、いつでもできます。毎日お風呂に入り、シャワーを勢いよく出して、体を洗うこともできます。トイレの後も、苦労することなく水を流すことができます。このように、普通のことが普通にできる生活は、とても幸せなことだと思います。

水は限りある資源です。水があるという今の幸せな生活に感謝し、水だけでなく、限りある資源を大切に使っていくようにしましょう。

○もし地球が話せたら

皆さんは、地球のことについて、どのくらい知っていますか。

生まれたばかりの時は、ほとんどガスでできていたこと。小さな惑星がぶつかって地球ができ、雨が降り続いて、陸地や海ができたこと。そして、海の中に動く物が現れて、生命が誕生したこと。それが、植物へと進化し、恐竜や動物が生まれ、やがて、人間が生まれたこと。まだまだ知っていることがあるかもしれませんね。

もし、地球が話せたら、私たちにどんな話をするでしょう。考えてみてください。「海や川をきれいにしてくれてありがとう」「森が減って風邪を引きそうだよ」、なんて言うでしょうか。

地球がこんな風に話し始めたとします。「生まれてからいろいろなことがあったけれど、木々の緑と水でいっぱいの星になって喜んでいるんだ。でもね……」その先、地球が話をするとすれば、何を話すのでしょうか。

こんな話を考えた人がいます。

植物が三十万種もあるって知っているかな。それに地球に酸素があるのは、植物が光合成をして酸素を作ってくれたおかげなんだよ。植物のおかげで動物や人間が生きられるんだ。けれども、人間が住むために森を切り開いたり、畑を作るために木を切ったりして、すっかり緑が減ってしまった。動物や人間が生きるために、植物を食べたり使ったりするのは仕方ないと思うけれど、本当に必要な分だけにしてほしいな。

そうそう、砂漠に木を植えて緑を増やす活動は、とても良いことだと思う。緑がいっぱいの地球って良いよね。


六月は「環境」について考える月にしてください。そのために、地球の声を想像し、「水や空気」「資源」「緑」「生き物」など、環境や生き物などについて考えてみると良いと思います。

さあ、地球が話せたら、私たちにどんな話をするのでしょう。考えてみてください。

あいさつ週間で

○言葉の力

今日は、ある女の子のお話をします。

その子は三年生の時に転校しました。自分からみんなに声をかけることができないおとなしい子でした。知っている子もいなくて一人で教室にいたら「おはよう」「一緒に遊ぼう」の声をかけてくれた子がいました。次の日も、そしてまた次の日も。そのことがきっかけで、クラスにとけ込み友達がたくさんできました。

「おはよう」「一緒に遊ぼう」という短い言葉ですが、その子にとっては忘れられない言葉になりました。

その子は今○○歳になりました。今でも三年生の時のことを思い出して、「あの時に声をかけてくれたので」という話をしています。

その女の子が六年生になり、こんなことを作文の中で書いています。

「言葉には力がある」と思います。

それは、人を元気付けたり優しい気持ちにさせたりする力です。

「おはよう」「こんにちは」等のあいさつは、人の気持ちと気持ちをつなげ、人を元気付けたり優しい気持ちにさせたりする魔法の力があります。

あいさつの魔法の力で、私は転校してからも、すてきな小学校生活が過ごせました。

しかし、気をつけないと、言葉は人を傷付けたり嫌な気持ちにさせたりする力も持っています。

人を元気付けたり優しい気持ちにさせたりする魔法のあいさつでいっぱいの◯◯小学校にしてほしいと思っています。

ちなみに、その女の子とは校長先生の娘です。

○あいさつの達人になるには

「おはようございます」の朝のあいさつ、「こんにちは」のあいさつ、心と心がつながり温かい気持ちになりますね。あいさつは「相手を大切に思っている」ことを伝え、人を元気付けたり優しい気持ちにさせたりする魔法の言葉だと思います。

さて、今日は「あいさつ名人」になるには、どうしたら良いかについてお話をします。

「あいさつ名人」になるためには、四つのポイントがあります。何でしょう。

一「笑顔で」

二「明るい声で」

三「相手を見て」

四「動きを入れて」です。

この四つのポイントを入れて、みんなで「おはようございます」のあいさつをしてみましょう。

「おはようございます」

良いあいさつです。みんな「あいさつ名人」ですね。

実は、あと一つのことができると、「あいさつ名人」よりもっとすばらしい「あいさつの達人」になることができるのです。

それは、「あいさつ＋一言」です。どんな一言を言ったら良いでしょう。（考えた子を指名して）

「おはようございます＋今日も元気です」

「こんにちは＋良い天気ですね」

良いですね。皆さんも「あいさつ＋一言」で「あいさつの達人」を目指してください。

〇天国と地獄の話

今日は「天国」と「地獄」の食事の様子についてお話しします。

「天国」も「地獄」も、同じように食事が並んでいます。「天国」には、すごいごちそうが並んでいるわけではないのです。でも「天国」と「地獄」の人たちの様子がぜんぜん違います。「天国」の人は、みんな楽しく食事をしてふくよかです。「地獄」の人は、みんなイライラしてけんかばかりして、ガリガリに痩せています。なぜでしょう。

よく見てみると、食事に使うお箸が私たちの使う物とはちょっと違っているのです。みんな一メートルもあるお箸を使っています。

一メートルのお箸を使って、どうやって食べるの……と思いますよね。

「地獄」の人たちは、その長いお箸で食べ物を挟んで自分の口に入れようと必死でもがいているのですが、上手く食べられず落としてしまいます。またお箸で挟んで自分の口に持って行くけれども、落としたり隣の人にぶつかったりしてダメ。「地獄」の人たちは、あきらめずこのことを繰り返しているのですが、食べることができません。

「天国」の人たちの様子を見ると、お箸に挟んで、前に座っている人の口に食べ物を運んで「お先にどうぞ。アーン」と言って食べていただいています。相手の人はニコニコ感謝して、「ありがとう。今度はあなたが食べてください」と言って、お互いに順序よく、食べ物が全員の口に入るように食べさせあいっこをしていました。

同じ食事で同じお箸を使っても、心の持ち方ひとつで、すべてが違う結果になってしまうんですね。

「地獄」の人たちは、自分のことしか考えていませんが、「天国」の人たちは、お互いに思いやり相手のことを考えていますね。

「お先にどうぞ」「ありがとう」「今度はあなたが」という「天国」の人たちの食事の心の持ち方は、あいさつにもつながると思います。あいさつは、「あなたのことを大切に思っています」ということを言葉で表すものです。お互いに思いやり、相手のことを考えたあいさつができるようにしてください。

○心にたくさんの明かりを

今日は「幸せについて」お話をします。

一冊の本を持ってきました。『続・こころのふしぎ　なぜ？　どうして？』という本です。「幸せ」についていくつかの質問に答えています。最後に「けっきょく、しあわせになるにはどうしたらいいの？」という質問があり、このように答えています。

その答えを紹介します。

「しあわせは、自分の心が決めるものです。そのため、自分が『しあわせ』と感じれば、しあわせになれます」

じつは、しあわせとは「なる」ものではなく、「感じる」ものです。

みんなのまわりには、あまりにも近すぎて、小さすぎて、なかなか気づけないしあわせであふれています。それらの「近くて小さいしあわせ」を、たくさん感じること。それこそが、いちばん大事なことなのです。

では、「近くて小さい幸せ」を見付けたり感じたりするには、どうしたらいいのでしょうか。

この本には方法が四つ書いてあります。

①小さな「うれしい」を見つける。
②「うれしい」が、だれのおかげか考えてみる。
③心の中で「ありがとう」と言ってみる。
④いろいろな物を、「ありがとう」の気持ちで見てみる。

そして、こう続けて書かれています。

一つしあわせを見つけると、心に一つ小さなあかりがともります。そして、たくさんのしあわせを見つけた人の心は、たくさんの小さな星々がかがやく、美しい夜空のようになります。そんな心を作ることが、本当のしあわせなのかもしれません。

「近くて小さい幸せ」を見付けたり感じたりし、「ありがとうの気持ち」で毎日を過ごし、心の中にたくさんの明かりをともしましょう。

○あいさつは魔法の言葉

今日は「あいさつ」についてお話をします。

あいさつは世界共通の行動であるようです。日本ではお辞儀が一般的ですが、外国では、手を合わせたり、鼻を使ってあいさつをしたりする国があるようです。

昔はあいさつを「言葉がけ」と言い、人と外で出会ったりすれ違ったりした時には、言葉をかけるのが一般的な礼儀でした。鎌倉時代の武家家訓に、「誰であれ目にした人に対しては礼儀としてあいさつをすべき」と書かれています。

さて、あいさつに関して、こんなお話があります。

浅草の東洋劇場に出演していた芸人がいました。なかなか売れないので、演出家が「芸人としての才能がないから辞めさせよう」と言って、この芸人を東洋劇場から追い出そうとしました。それを聞いた周りの人から、「彼のあいさつは快い！　辞めさせないで！」と青年を援護し助けようという声が上がりました。その結果、彼はクビになることなく仕事を続けることができました。

このお話は、コメディアンのスーパースター、萩本欽一（欽ちゃん）さんの修業時代の実話です。あいさつが、人生を変えることもあるのです。

あいさつには、「暗い気持ちを吹き飛ばし、気持ちを前向きにする力」「人間関係を良くし、友達を増やす力」などがあり、このお話のように「人生を変える力」もあるんですね。あいさつは「相手を大切に思っている」ことを伝え、人を元気付けたり優しい気持ちにさせたりする魔法の言葉で、すごい力をもっていると思います。

あいさつは、何の準備もいりません。そして、思い立ったらすぐに始めることができます。ぜひ、〇〇小学校を、あいさつの声でいっぱいにしてほしいと思っています。

人権週間で

○エルトゥールル号事件

十二月四日から十日までは人権週間です。特にこの週間は、「人を大切に」ということを考えてほしいと思います。

今日は百二十年以上前に起こった本当のお話をします。

和歌山県沖で、嵐のためにトルコの軍艦エルトゥールル号が座礁して沈没しました。多くの方が亡くなったのですが、海に放り出されたトルコの船員の方々を、嵐の中、村人たちは、自分たちが食べるのに困っていたにもかかわらず、命がけで助けました。身体で暖め、最後の食料であった鶏をつぶして食べさせ、六十九人のトルコの船員の方を助け、元気にしてトルコに帰しました。

それから九十五年後のことです。イラン・イラク戦争が起こりました。フセイン大統領は、「今から四十八時間後に、イランの上空を飛ぶすべての飛行機を撃ち落とす」と発表しました。

　現地にいた日本人は、避難するため大急ぎで空港に向かいました。しかし、すでに飛行機は満席で、二百十五人の日本人が取り残されました。時間が迫り、危険すぎて日本からの飛行機を飛ばすことができなかったのです。もうダメだ……と思った時、二機の飛行機が降りてきて、日本人をすべて乗せ成田へ無事届けてくれたのです。タイムリミット一時間十五分前のことでした。トルコ航空の飛行機でした。このことは日本政府は知らないことでした。

　なぜ助けてくれたのか分かりますか。

「エルトゥールル号事件での、日本人の優しさは教科書に載り、トルコ人なら誰でも知っています。これは百年前の恩返しです」とトルコの人は答えたそうです。

　その後、トルコに大地震が起きた時、その二百十五名の日本人は日本中を駆け回り義援金を集めて、トルコに送りました。また、東日本大震災では、いち早く、トルコから応援部隊が来てくれました。

　優しさがグルグル回っていると思いませんか。そんなグルグル回りは良いですね。トルコの人たちと日本の人との「優しさ回り」のように、皆さんも、すぐに良い行動ができる心をいつも持っていて、優しさをグルグル回していけると良いですね。
相手を思う優しい行動が、いろいろな場面で見られることを期待しています。

◆ エルトゥールル号事件は、一八九〇年九月十六日夜半に起きています。

○OMOIYARIのうた

十二月四日から十日までは人権週間です。特にこの週間は、「人を大切に」ということを考えてほしいと思います。

今日は一曲の歌を紹介します。一番だけ流すので、聴いてください。

（曲の一番を流す）

もしも人々が「思いやり」を失くしたら
地球は一秒で　消えてしまうね
だって僕たちは「思いやり」に包まれて
生まれてきた　育てられた

水や空気が　必要なように
誰もがひとりで　生きてはゆけない
倒れそうな人には　そっと手を差し伸べて
OMOIYARIは　心を温めるプレゼント
「ありがとう」って言われたら　なぜか嬉しくなったよ
OMOIYARIは　世界を幸せにする魔法

この曲は、「OMOIYARIのうた」という歌です。この曲を作ったのは、歌手の藤田恵美という人で、昔「ひだまりの詩」という曲がヒットした音楽デュオ「ル・クプル」のボーカルとして知られています。

実は、愛知県の小学生が、この曲の誕生に深くかかわっています。

二〇〇八年、日本青年会議所の愛知ブロック協議会が、「いじめをなくそう」ということを広く訴えるために「OMOIYARIサミット」を開きました。主催者の一人が、「いじめをなくそう」と訴えるよりも、思いやりの大切さを歌で伝えることができないかと、サミットで小学生が合唱するテーマソングを藤田さんに依頼したのです。

依頼を受けた藤田さんは、サミットへの参加を呼びかけた愛知県内の九百八十八校の小学生にアンケートを行い、そこに書かれた言葉を歌詞に生かすことにしました。特に藤田さんが惹《ひ》かれたのは「もしも思いやりがなかったら、世の中はめちゃくちゃになってしまう」という一文だったそうです。この一文を生かした歌詞で、この歌は始まります。

今日から二週間、昼の放送で、この「OMOIYARIのうた」を流します。歌の最後にある「思いやりは世界を幸せにする魔法」という言葉を大切にし、〇〇小学校を、思いやりの心でいっぱいにしてほしいと思っています。

◆毎年人権週間に「OMOIYARIのうた」の紹介をし、十二月の昼の放送で、全校にこの曲を流してきました。この歌は絵本になっています。その絵本の紹介も行ってきました。

〇あたまがふくしまちゃん

十二月四日から十日までは人権週間です。特にこの週間は、「人を大切に」ということを考えてほしいと思います。

今日は、のぶみさんという人のお話をします。のぶみさんは、絵本作家でたくさんの絵本をかいています。そのなかで『あたまがふくしまちゃん』という絵本を、ここに持ってきました。

「あたまがふくしまちゃん」は、恥ずかしがり屋で、みんなに声をかけられません。そのために、とうとうひとりぼっちになってしまいます。

そんな姿を見た「ほっかいどうあたませんせい」が、「あたまふくしまちゃん」に、こう話しかけます。

「ことばが　はずかしくて　うまくでないなら、いま　じぶんのやれることで、みんながよろこぶことを　したらいいさ。それは　どんなことばより　ずっと　つたわるんだから」

「あたまがふくしまちゃん」は、みんなが喜ぶことをたくさんしました。そうしたら、みんなが良い気持ちになり、自然に手をつなぎ始めました。

「あたまがふくしまちゃん」も良い気持ちになって、「あーそぼ！」と思い切ってみんなに言うことができました。

そして、みんなが一つになりました。

のぶみさんは、この絵本を通して「人を幸せにすると自分も幸せになる」ということを、分かりやすく伝えています。また、のぶみさんは、ゆるキャラ「あたまがふくしまちゃん」を考えるなど、さまざまな活動を通して、福島県の復興支援に力を尽くしています。

　東北地方を襲った大きな地震「東日本大震災」から、もうすぐ○年になります。まだまだ福島県の方々は、厳しくつらい毎日をおくっておられます。「東日本大震災」は過去の終わったことではありません。復興支援のために、私たちにできることはないだろうかということを、いつも考えてみてください。

「人を大切にする」とは、人の幸せを願うことです。友達や周りの人たちの幸せとともに、福島県の方々の幸せも考えてほしいと思っています。

○人を大切にするとは

　十二月四日から十日までは人権週間です。

「人権を大切にする」とよく言います。テレビや新聞などでも「人権を大切にする」と言われていますね。ところで、「人権を大切にする」とはどういうことでしょうか。それは「人を大切にする」ということだと思います。

友達を、たたいたり蹴《け》ったりしていませんか。けがをして血を流したり骨が折れたりするかもしれません。「体の痛み」がありますね。それは「人を大切にする」ことではありません。

では、友達のノートに「バカ」と書いたり「死ね」と言ったりすることはどうでしょう。けがをさせて血が流れたりしませんね。

実は、「バカ」と書いたり「死ね」と言ったりすることで、友達の体ではなく、他のところが痛んでいるのです。どこか分かりますか。（少し間を置いて）そうです、「心」が痛んでいるのです。

では、何も話さないというのはどうでしょう。実は、何も話さないということが、友達の「心」をいちばん痛めるのです。

友達を、たたいたり蹴ったりすることでも、「体の痛み」とともに「心の痛み」も感じます。ただ、この場合は、友達がけがをしたりするので、これ以上はいけないと思って止まります。

「バカ」と書いたり話をしなかったりすることでの「心の痛み」は、目に見えません。だから、いつまでも続いてひどさがどんどん増えて、友達の心が壊れてしまうことがあります。また、している人の心もどんどん悪く汚くなっていってしまいます。「人を大切にする」とは、友達の「体と心の痛み」に気付くこと。どれだけ友達の心が痛んでいるかを分かることです。

「人を大切にする」ことで大切なことは何でしょう。「いつもありがとうの気持ちを持ち、相手の気持ちを考えること」だと思います。

「冗談でやった」「遊んでいただけ」とか、「嫌だと言われなかったから」という言葉を聞くことがあります。自分のことは話していますが、相手のことや気持ちを考えてはいないですね。

お家に帰ったら、今日「友達を大切に」というお話を聞いてきたよと伝え、お家の人とも「人を大切にする」ことについて話してください。

○相手のことを思う

十二月四日から十日までは人権週間です。

今日はクイズを出します。

目には見えないけれど大切なものは何でしょう。いろいろありますね。（少し間を置いて）

その中でも、今日は「心」についてお話をします。

自分の心は感じることはできますね。しかし、相手の心は見えないし、感じることはとても難しいです。特に難しいのは、自分の心と相手の心には違いがあることを知ることです。

例えば、一緒に何かをしようとして「やろう！」と言った時、自分は「頑張ろう」や「楽しい」と思っているけれど、相手は「一緒にやれて楽しい」と思っているのか、「エー！今忙しいのにどうして一緒にやるの」と思っているのか分かりません。

それぞれ感じ方や思っていることは違います。相手はどう思っているかを考えたり、傷付けたり嫌な思いをさせたら謝り、次は同じことをしないようにしたりすることが大切だと思います。

このことは、たくさんの人と一緒に過ごす学校でしか学べないことです。

相手のことを思いやる、相手を傷付けたり嫌な思いをさせたりしたら謝り、同じことをしないようにする……これが成長するということです。

難しいことですが、◯◯小学校の皆さんが、このことができ成長してほしいと思っています。

オリンピックデーで

○田中理恵選手に学ぶ

六月二十三日は、「オリンピックデー」です。一八九四年の六月二十三日に、国際オリンピック委員会（ＩＯＣ）がパリで創立されたことを記念して制定されました。

二〇二〇年には、東京でオリンピックが開催されます。楽しみですね。

今日は、オリンピック選手の言葉を紹介します。

体操の田中理恵選手を知っていますか。知っている人は手を挙げてください。

田中選手のお父さんは体操クラブの先生、お母さんは体操の選手だったそうです。田中選手は体操を六歳から始め、二〇一〇年には、ロッテルダム世界選手権で、最も美しい演技をした選手に贈られる「ロンジン・エレガンス賞」を受賞しています。

田中選手が大切にしていることは、「苦しくても失敗しても、最後まで笑顔で演技をすること」だそうです。苦しいことも失敗も笑顔で乗り切る……学びたいですね。

田中選手が話したことに、「明日があるから、今日はまあ良いかなって、終わりたくない」という言葉があります。笑顔で、今日一日「できること」や「やること」を一生懸命に頑張る……そんな田中選手のような気持ちで毎日過ごしてほしいと思っています。

○長友佑都選手に学ぶ

六月二十三日は、「オリンピックデー」です。一八九四年の六月二十三日に、国際オリンピック委員会（IOC）がパリで創立されたことを記念して制定されました。二〇二〇年には、東京でオリンピックが開催されます。楽しみですね。

今日は、サッカー選手のお話をします。

サッカーの長友佑都選手を知っていますか。知っている人は手を挙げてください。

長友選手は日本代表選手としてだけではなく、海外でもその能力の高さが認められ活躍しています。

しかし、長友選手は、高校時代はあまり注目される選手ではありませんでした。大学時代は、試合に出場することができず、スタンドで応援の太鼓をたたいていたこともあったそうです。プロになってからの活躍のスピードは速かったですが、そこに至る道のりは厳しかったのです。

「誰かを見て、天才だ、エリートだと言っている人は、その人の今だけしか見ていない人ですよ」

と、サッカーの香川真司選手が言っていますが、活躍の陰にはすごい努力があるのだと思います。

長友選手はこう話しています。

「誰よりも準備をし、誰よりも走って、誰よりも努力をしているという自信はある」

誰にも負けない努力を続けている……そんな長友選手の姿勢に学び、毎日努力を続けてほしいと思っています。

○上野由岐子選手に学ぶ

六月二十三日は、「オリンピックデー」です。一八九四年の六月二十三日に、国際オリンピック委員会（ＩＯＣ）がパリで創立されたことを記念して制定されました。

二〇二〇年には、東京でオリンピックが開催されます。楽しみですね。

ソフトボール選手の上野由岐子さんを知っていますか。

日本代表のソフトボール選手として、二〇〇八年の北京オリンピックに出場しました。準決勝から決勝まで、ピッチャーとして二日間で四百十三球を投げ抜きました。上野選手の活躍もあり、日本は金メダルを獲得しました。

上野選手のメッセージを紹介します。

「『やればできる』。ずっと私を支えていた言葉です。鉄棒で、逆上がりがなかなかできない時期がありました。でも自分は『ずっとできないかもしれない』とは思わなかった。みんなができているのに自分にできないはずがないと根拠なく思っていたし、できないことが嫌なら『できるようになるまでやる』だけ。逆上がりは自主練の結果、できるようになりました。

小・中学生は、いちばん何でもできる時期なので、いろんなことに挑戦してほしいですね。夢を見付けた人はあきらめずに頑張ってほしい。夢が見付かってない人は、大事なのは夢を見付けることではなく、いろんなことに好奇心を持って挑戦していくこと。その中で、『自分だけの何か』が見付かるのだと思います」

皆さんも、いろんなことに挑戦し、自分だけの何かを見付けてほしいと思っています。

○ゼッケン67

六月二十三日は、「オリンピックデー」です。一八九四年の六月二十三日に、国際オリンピック委員会（ＩＯＣ）がパリで創立されたことを記念して制定されました。

七年後に東京でオリンピックが開かれることが決まりましたが、四十九年前にも東京でオリンピックが行われたのです。今日は、「体育の日」が生まれるきっかけとなった、「東京オリンピック」についてお話しします。

日本で初めて行われるオリンピックであり、日本中が熱くなりました。東洋の魔女と呼ばれた日本女子バレーボールチームが金メダルを獲得し、テレビの視聴率は八十五パーセントを超えたそうです。

陸上一万メートル決勝での出来事です。三十八人中九人が途中棄権するほどつらい競技でした。アメリカの選手が優勝し、次々にゴールに選手が入ってきます。

最後のランナーが来ました。「ゼッケン67」セイロン（現スリランカ）のカルナナンダ選手です。トラックを一周してもまだ走り続けています。実は三周遅れだったのです。

誰もいないトラックを二周、三周と脇腹を抱えて走るカルナナンダ選手の姿に、観客から大きな拍手と歓声が送られました。

最後まであきらめず走り続けたカルナナンダ選手は、勝つことと同じくらい大切なことがあることを教えてくれました。

皆さんも、最後まで頑張る強い気持ちを持ってほしいと思っています。

◆二〇一三年（平成二十五年）十月七日に話した内容です。二〇二〇年の東京オリンピックが楽しみです。

自転車月間で

○自転車安全利用五則

五月一ヶ月間は、「自転車月間」になっています。

昭和五十六年五月に「自転車の安全利用の促進及び自転車駐車場の整備に関する法律（自転車基本法）」が施行されたことを記念して決められました。また、五月五日は「自転車の日」です。五月は、特に自転車に安全に乗ることができるように、ルールやマナーを確認しましょうという月になっています。

調べてみると、全国で、平成二十六年中に交通事故で亡くなったり負傷したりした子どもの五十八・五パーセントは、自転車に乗っていたそうです。事故全体の六十六・三パーセントが、出会い頭（飛び出し）が原因となっています。

自転車はとても便利なものです。しかし、正しく利用しないと、重大な事故に遭うばかりか、事故の加害者になるケースもあります。

しっかり点検・整備をした自転車に乗ることはもちろん大切ですが、自転車に乗る時に気を付ける五つのルールについてお話しします。「自転車安全利用五則」です。

①自転車は車道が原則。歩道は例外。
②車道は左側を通行。
③歩道は歩行者優先で、車道寄りを徐行。
④特に三つのルールを守る。
・(飲酒運転)、二人乗り、並進の禁止。
・夜間はライトを点灯。
・信号を守り、交差点での一時停止と安全確認。
⑤子どもはヘルメットを着用。

下り坂ではスピードが出ます。ブレーキを上手にかけて、交差点に飛び出さないように気を付けましょう。道路や交差点への飛び出しは、自転車に乗っている時だけではなく、歩いている時も気を付けてください。

これからも安全に気を付けて、自転車に乗るようにしましょう。

◆子どもたちの自転車による事故が増えています。毎年五月の「自転車月間」には、自転車に安全に乗ることができるように注意を呼びかける話をしてきました。（飲酒運転）については、今回は触れませんでした。

人で

○新井白石

皆さんは新井白石《あらいはくせき》という人を知っていますか。

新井白石は江戸時代の儒学者で、六代将軍、徳川家宣《いえのぶ》を助けて、江戸幕府の政治を動かす大きな仕事をした人です。

この白石は少年時代、朝から晩まで遊びまわっていたそうです。そんな彼を見て心配したお父さんは、米びつ（お米を入れる木箱）を持ってこさせ「一粒の米」のお話をしました。

米びつから、一粒の米を取っても、お米が減ったかどうか分からない。けれども、一年間か二年間、毎日一粒ずつ取っていると減ったことが分かる。

反対に、米びつに一粒の米を加えても、お米が増えたかどうか分からない。しかし、一年間や二年間、毎日一粒ずつ加えていると増えたことが分かる。

学問も同じである。一日勉強したから利口になるわけではない。一日怠けたから愚かになるのでもない。

しかし、一年、二年続ければ、必ず変わってくる。

というお話です。

このような内容をしっかり話してくださる白石のお父さんもすばらしいのですが、お父さんの話を聞いて、実際に学問をやり続けた白石も、すばらしいと思います。

今日は、努力を続けることの大切さを、新井白石のお父さんのお話を基に、皆さんに伝えました。

校長先生は、怠けそうになった時には、このお話を思い出し、わずかですが一粒の米の分だけでも頑張ろうと思うことにしています。皆さんも、勉強もそうですが、どんなことにでも小さな努力を続けることを大切にしていきましょう。

○さかなくん

今は大学の先生でもある「さかなくん」……知っていますか。魚に興味を持ち、魚のことをよく知っている魚博士ですね。中学生の時、吹奏楽部に入り高校まで部活動を続けたので、楽器の演奏も上手です。

実は中学生の時、「吹奏」を魚のいる「水槽」と間違え、魚のことが勉強できると思って吹奏楽部に入部したそうです。

さかなくんのメッセージを紹介します。

「自分の苦手なことも気にならないくらい、タコとお魚に夢中でした。みんなが好きな戦隊ヒーローやスポーツには興味がなかったし、友達の好きなものに合わせることもなかったです。むしろ、お魚のおもしろさを伝えたくて、絵を描いて見せていました。『これが好きだ！』と話すことで、幸せがどんどんふくらみます。夢中になっていることは、自信を持って言うほうがいいと思います。それに大好きなことがあると、くじけそうな時も頑張れるんです。

誰にでも『すギョイ』ところは絶対にある。あとは『真剣に』面白く楽しく取り組むと、毎日はもっと楽しくなる気がします」

メッセージを読んでいて、

○自分の好きなことを見つけ
○楽しみながら
○努力を続ける

ことが大切なんだと思いました。

皆さんも、好きなことを見付け、楽しみながら努力を続けてほしいと思っています。

○「のび太」「ジャイアン」「スネ夫」

皆さんは「ドラえもん」を知っていますか。実は、校長先生は「ドラえもん」が大好きです。映画もたくさん見ました。

「ドラえもん」の中の「のび太」「ジャイアン」「スネ夫」の三人を知っていますか。

この三人は全然違う性格で、けんかばかりしていて、仲良しという感じはしませんね。この三人は本当に仲が良くないのでしょうか。校長先生は、本当は、ものすごく仲が良くて、支え合っているのではないかと思っているのです。だから、いざという場面やピンチの場面で、三人が力を合わせて、困難なことを解決したり敵に立ち向かったりすることができるのだと思います。

性格も考え方も体つきも、まったく違うけれど、「困った時に助け合える」「相手のことを考えることができる」……そんな三人の関係がとっても良いなぁと思っています。

皆さんの学級には「のび太」「ジャイアン」「スネ夫」はいないけれど、いろいろな友達人でがいますね。クラスのピンチの場面やいざという場面で、支え合い助け合える、そんな頼りになる友達同士でいることが大切です。皆さんも「のび太」「ジャイアン」「スネ夫」のような、良い友達づくりをしてほしいと思っています。

○星野富弘

突然ですが、群馬県がどこにあるか分かりますか。群馬県のみどり市東町《あずまちょう》という所に「富弘《とみひろ》美術館」という美術館があります。ここには星野富弘さんという人がかいた絵や詩がたくさん展示されています。このみどり市東町は、以前は勢多郡《せたぐん》東村《あずまむら》といい、星野富弘さんの故郷です。

皆さんの中にも、星野さんの絵や詩がかかれた本やカレンダーを見た人がいると思います。驚くことに、星野さんは、口に筆をくわえて絵や詩をかいているのです。

星野さんは、大学を出て、中学校の体育の先生になります。体育の授業中、思いがけない事故に遭い、それからは手も足も動かなくなって、ずっとベッドの上で暮らすようになりました。

今日は、そんな星野さんがかいた詩「くちなし」を紹介します。

くちなし

鏡に映る　顔を見ながら　思った
もう　悪口を　いうのは　やめよう
私の口から　出た　ことばを
いちばん近くで　聞くのは　私の耳なのだから

誰でも気に入らないことがあると、ついつい人の悪口を言ってしまいがちです。でも、人の悪口を言うと、それを最初に聞くのは自分だということに、星野さんはあらためて気付いたのだと思います。まるで、自分が言われているように感じたのかもしれません。悪口で人を傷付けると自分も傷付くので、悪口を言わないでおこうと思ったことはありませんか。

自分自身のためにも、心が明るくなる言葉、楽しくなる言葉をかけあって過ごしてほしいと思っています。

○マララ・ユスフザイ

皆さんは、ノーベル賞で話題になったマララ・ユスフザイさんを知っていますか。

マララさんが、国連で語ったスピーチの中に、校長先生の印象に残った言葉があります。それは、「一人の子ども、一人の教師、一冊の本、一本のペンがあれば世界を変えられる」という言葉です。この言葉は、教育がとても大きな力を持っていること、そして、教育を受ける権利がすごく大切であることを語っています。

世界には、勉強をしたいと思っていてもできない子どもたちが、たくさんいます。皆さんは、その気になれば、いつでも勉強できる環境にありますが、このことを大切にしてください。それが、実は自分を大切にすることにつながります。

また、マララさんのこの言葉は、「暴力には何の力もないこと」を伝えています。自分が気に入らないことがあるとか、自分の思い通りにしたいと思って暴力を振るっても、何の解決にもなりません。いじめも同じで、相手の人との関係に何も良いことが生まれません。

なぜ勉強するのかなと思った時に、マララさんの言葉を思い出してください。暴力やいじめではなく、物事を正しく判断して解決する力を付けるために勉強するのです。周りの人たちを理解し協力し合って、みんなが幸せに、より良く生きるために勉強するのです。

皆さんが、学校で勉強するのは、より良く生きるためです。

そして、やりたいことを決めたら、行動しましょう。すると、次から次へとやりたいことが出てきて、自分を輝かせることができると思います。

○正岡子規

先日、六年生が修学旅行に出かけました。二日目に奈良の法隆寺を見学しましたが、皆さんは、その法隆寺を詠んだ有名な俳句を知っていますか。

正岡子規が詠んだ「柿食へば　鐘が鳴るなり　法隆寺」という俳句が有名ですね。

実は、今から百二十年ほど前の明治二十八年十月二十六日に、正岡子規がこの俳句を詠んだことにちなんで、十月二十六日は「柿の日」になっています。正岡子規は柿が大好物であったようで、この他にも柿の句が詠まれています。

また、当時日本に伝えられたばかりの野球に強い興味を持ち、選手としても活躍したことで知られています。「バッター」「ランナー」「フォアボール」を、「打者」「走者」「四球」の日本語に初めて訳したことでも有名です。

ところで、秋の果物である柿は、ビタミンがたくさん含まれています。特に、ビタミン

Cは、レモンに負けないくらい多く含まれているそうです。さらに、ビタミンBやカロテン、ミネラルなどもたくさん含んでいることから、栄養豊富な果物といえます。

栄養のバランスに気を付けて食事をし、風邪をひかないようにしてほしいと思っています。

○金子みすゞ

皆さんは、金子みすゞさんという人を知っていますか。三年生の人たちは、金子みすゞさんの「わたしと小鳥とすずと」という詩を、国語の時間に学習したと思います。

今日は、金子みすゞさんの「土」という詩を紹介します。

土

こッつん　こッつん
打《ぶ》たれる土は
よい畠になって
よい麦生むよ。

人で

朝から晩まで
踏まれる土は
よい路になって
車を通すよ。

打たれぬ土は
踏まれぬ土は
要らない土か。

いえいえそれは
名のない草の
お宿をするよ。

金子みすゞ全集（ＪＵＬＡ出版局）より

畑の土は、こっつんこっつん耕されて、麦や野菜を作ってくれます。道の土は、踏まれて、人や車が通る道になります。

校長先生は、「土」について、畑や道くらいのことしか思い付きませんでした。だから、金子みすゞさんの詩を読んで驚きました。

耕されても畑にもならないし、踏まれても道にもならない土は「要らないのですか」と尋ねています。これらの土は要らないのではなくて「名のない草のお宿になっている」と、みすゞさんの詩から教えられました。

みすゞさんの詩を読んで、土のことを考えてみました。土はどこにいても、どこに運ばれても文句は言いません。畑で耕されても、踏まれて道になっても、プランターの中に運ばれても、植木鉢の中に入れられても、文句を言うことなく、そこで精一杯役に立とうとし、いろいろなものを育ててもくれます。

土は無口ですが、「何でもしますよ」とどっしり構え、いる場所で自分の役割を果たしています。そんな人になれたら良いなぁと思っています。

本で

○『人生に必要な知恵はすべて幼稚園の砂場で学んだ』

今日は本の紹介をします。

『人生に必要な知恵はすべて幼稚園の砂場で学んだ』という本で、ロバート・フルガムさんが書いたエッセイです。

ロバートさんは、「人生の知恵は大学院という山のてっぺんにあるのではなく、幼稚園の砂場に埋まっていたのである。私はそこで何を学んだろうか」と言い、学んだこととして、次のことを書いています。一部を紹介します。
○何でもみんなで分け合うこと
○ずるいことをしないこと
○人をたたかないこと
○使った物は必ず元の場所に戻すこと

○散らかしたら自分で後片付けをすること
○人の物をとらないこと
○誰かを傷付けたら「ごめんなさい」と言うこと
○食事の前には必ず手を洗うこと
○「不思議だな」と思う気持ちを大切にすること、など。

人生で大切なことって何でしょうか。難しいことではないと思います。当たり前のことが当たり前にできることが大事だと思います。そんな、◯◯小学校の子になってください。

○『栄養素キャラクター図鑑』

今、校長先生が手にしているのは『栄養素　キャラクター図鑑』という本です。食べ物に含まれているいろいろな栄養素をキャラクター化し、「どんな栄養素なのか」「何に含まれているのか」「不足するとどうなるのか」「とりすぎるとどうなるのか」などについて、面白く分かりやすく説明している本です。

いくつかの栄養素を紹介します。

「ビタミンC」…知っていますか。この本では、ビタミンCちゃんとしてキャラクター化されています。「風邪をひきやすい時期は、わたし、ビタミンCの出番！　というのも、身体の中でウィルスの侵入を防ぐ用心棒・白血球をサポートするから。免疫力が上がるから、風邪をひきにくくなるの」と紹介されています。

「ピーマン・芽キャベツ・ブロッコリー・キウィフルーツ・いちご・柑橘類（レモン・オレンジなど）・じゃがいも」に含まれているそうです。特に、寒くなる時期には、しっかりとっておきたい栄養素ですね。

最後には、こんなクイズも載っています。どんな栄養素か、分かりますか。

「私たちは腸の中をきれいにして、便秘や病気を防ぐよ。不溶性と水溶性がいるよ」

（食物繊維コンビ：不溶性…大豆・ごぼう・さつまいも・そば　など。水溶性…オクラ・長いも・こんにゃく・りんご　など）

「僕は骨や歯の材料となって、形づくるよ。筋肉の動きもサポートしてるよ」

（カルシウムくん：小魚・牛乳・モロヘイヤ・ひじき・ごま　など）

好き嫌いなく食べることは大切ですが、同じ栄養素のとりすぎなどの偏った食事にならないように、いろいろな栄養素をバランス良くとって、健康な体を作り、元気に生活してほしいと思っています。

『栄養素　キャラクター図鑑』の本は校長先生が持っています。読んでみたいという人がいたら、校長先生に言ってください。

○『きのこほいくえん』

『きのこほいくえん』という絵本を持ってきました。のぶみさんという人がかいた絵本です。「きのこほいくえんには、いろんな　きのこが　たくさん　います。その　なかでも、てんてんちゃんは　みんなの　アイドルなんです」とお話が始まります。

実は、保育園のアイドルのてんてんちゃんには秘密があったのです。

てんてんちゃんは「ベニテングダケ」という毒キノコだったのです。

「こんなに　かわいいのに！」「こんどから、さわらないほうが　いいのかしら」「ゲロゲロ、きもちわるー」と言われ、てんてんちゃんは、みんなのアイドルだったのに、急に周りに誰も近付かなくなりました。

てんてんちゃんは、特徴のある頭の赤色を隠そうとして、いろんな帽子をかぶってみました。でも、誰も声を掛けてくれません。

そんな時、キノコ保育園にキツネがやってきました。キツネは「かわいい　きのこたち

が　いるじゃないか。ちょいと　おやつに　たべさせてもらおうかな」と言って、キノコたちを捕まえようと手を伸ばします。
　マイタケくんがつかまりました。

さあ、どうなるのでしょう。

「きのこほいくえん」の続きを紹介します。


「うっぎゃー、おれ　たべられちゃうよー！」

それを　みた　てんてんちゃんは、
こわくてしかたなかったけど、ぼうしを　ぬぎすてて、

「マイタケくんを　たべるなら……。」

「どくきのこの　あたしを　たべろー！」

きつねの　くちに　とびこんだ！

「うわぁ、てんてんちゃん！　なにするんだ！　やめろー！」

すると……。

本で

「ぎゃひー！　ありゃまー！

おいらの　おなかが！

おいらの　おなかが！

あっぱら　ぱぴーの　ぺんぺろぴー！

どくきのこだったー！

どーちてー♥」

と、たおれてしまいました。

てんてんちゃんは、きつねに　たべられてしんでしまったのでしょうか。

いつまでたっても、くちの　なかから　でてきません。

「てんてんちゃん！」

みんなが　かけよると……。

「ウフフ、みんな　ぶじで　よかった。」

「てんてんちゃん！」「きのう、ごめんね！　ごめんね！」

みんなが　なきながら　あやまると、てんてんちゃんは……。

「あたし、どくきのこで　よかった。」

と、いいました。


このお話で、どんなことを思いましたか。

マイタケくんが助かって良かったですね。

さて、キノコ保育園では、いろいろなきのこが集まっています。

「踊っちゃうくらいおいしいマイタケ」

「体についているヌメヌメが、みんなを健康にするナメコ」

「どんな料理にも合うブナシメジ」などなど……。

ベニテングダケのてんてんちゃんも含めて、それぞれがそのキノコの特徴であり個性です。そして、それぞれのきのこに役割があり、役に立っているのです。
○○小学校の皆さんも、一人一人に特徴があり、それぞれが大切な個性です。自分にないものや自分より優れていることを、友達や周りの人たちから見付け、学ぶことができると良いなと思います。
本を読むと、いろいろなことが分かり、知識や知恵が増えます。そして、いろいろなことを考えることで、心が豊かになります。

最後に「あたし、どくきのこで　よかった」と言った、てんてんちゃんのことや気持ちを考えてほしいと思っています。

『きのこほいくえん』の本は校長先生が持っています。読んでみたいという人がいたら、校長先生に言ってください。

◆絵本の後半部分を、絵を示しながら紹介しました。てんてんちゃんが、「どくきのこの　あたしを　たべろー!」と言って、きつねの口に飛び込む場面は、特にじっくり絵を見せながら紹介しました。

○『モチモチの木』

皆さんは、斎藤隆介《りゅうすけ》さんの『モチモチの木』というお話を知っていますか。これは、霜月、十一月のお話です。山の猟師小屋にじさまと二人で住んでいる、とても臆病な豆太という五歳の男の子が主人公です。

じさまに、

「霜月の二十日の丑《うし》みつにゃぁ、モチモチの木に灯がともる。起きてて見てみろ、そりゃきれいだ。………山の神様のお祭りなんだ。それは、一人の子どもしか見ることはできねえ。それも勇気のある子どもだけだ」

と言われた豆太は、本当は見てみたいけれど怖いという気持ちが強くて、自分には無理だとあきらめようとしました。

しかし、じさまのために真夜中に医者を呼びに行くという勇気を出した豆太は、その祭りを見ることができました。

さて、皆さんの中で、自分は勇気があると言える人はいますか。あるかなぁ、ないかなぁ、いや少しはあるかなぁ……と考えますよね。

では、勇気はどんな時に必要でしょうか。

困っている人を助ける時は、勇気が必要だと思います。例えば、いじめをしている人を見付けた時、「やめよう」と言う勇気。いじめを知った時にそれを伝える勇気。それはとても大切な勇気です。

「やめて」と自分で言える勇気とともに、友達を大切に思う勇気を持ってほしいと思います。自分を、そして友達を大切に思う気持ちがあれば、勇気が生まれます。誰にも勇気はあります。勇気があることに気付いていないだけかもしれません……そう思っています。

知識を

○不思議な笹の葉

（大きな笹の葉の絵を描いたものを示して）このように穴が一列になってきれいに並んでいる笹の葉がありました。不思議ですね。どうしてこのような穴が空いたのでしょうか。

1・2・3と三つの答えを言います。どれか考えてみてください。

1　笹の葉が病気になった

2　虫が食べた

3　雨で穴が空いた

正解は2番の「虫が食べた」です。

正解が分かっても、まだ不思議ですね。なぜこのように、きれいに一列に穴が並んでいるのでしょう。大きな穴からだんだん小さくなっていくのは、虫がお腹いっぱいになって、食べる量が減ったのでしょうか。不思議がいっぱいです。まだまだ調べてみたいです。

笹の葉は若い時には、一本の棒のようにくるくると巻いた状態になっています。（葉っぱの模型を丸めて示す）その時に、笹の葉が好きな幼虫が食べたのだろうと言われています。笹の葉が育つと筒状の葉が開くので、このように一列に穴が並んでいるそうです。

私たちの周りには、気を付けて見てみると、不思議なことがたくさんあります。笹の葉についても、「なぜ穴がだんだん小さくなるのか」「外側から中心に向かって葉を食べた幼虫は、なぜ反対側まで食べ進まないのか」という不思議がまだあります。

「なぜ」「どうして」を大切にして、考えることは楽しいことです。また、自分一人で考えるだけではなく、友達と話し合い意見を聞くことで、学びはさらに広がります。

詩人の谷川俊太郎さんは、

「かんがえるのっておもしろい　どこかとおくへいくみたい

しらないけしきがみえてきて　そらのあおさがふかくなる」

と綴っています。これからも、不思議なことを見付けて調べたり、考えたり、先生や友達の意見を聞いたりして、どんどん力を付けてください。

○クローバー

今日は、マメ科の植物「クローバー」のお話をします。

「クローバー」の品種名は、「シロツメクサ（白詰草）」といいます。江戸時代にオランダからガラスの器が贈られた時、ガラスが壊れないように箱の中に詰められていた草の中から発芽したのがシロツメクサだそうです。

「クローバー」は三つ葉が多く、四つ葉のクローバーはなかなか見付からないですね。だから、希少価値があり、見付けた人に良いことが訪れると伝えられています。

三枚の葉には、「希望」「信仰」「愛情」という意味があり、四枚目の葉は「幸福」のシンボルと言い伝えられてきました。

ナポレオンが戦場で馬に乗っていた時に、偶然「四つ葉のクローバー」を見付け、とろうと身体を伏せた瞬間に銃弾がすれ違い、命が救われたというエピソードが残っているそうです。

○○小学校の皆さんに良いことがあるように、校長先生が校長室の前に「四つ葉のクローバー」の絵を貼っておきます。

○「いただきます」「ごちそうさま」

食事の時のあいさつの意味についてお話しします。

食事の前に「いただきます」、食事の後に「ごちそうさまでした」というあいさつをする人が多いと思います。

「いただきます」には二つの意味があります。

一つは、食事を作っていただいた方への感謝です。

もう一つは、食材への感謝です。肉・魚・野菜・果物などを、私たちの命にさせていただきますという感謝の気持ちが込められています。

「ごちそうさまでした」の「ちそう」を漢字で書くと「馳走」となり、ともに走るという意味の漢字になります。

昔はスーパーマーケットや市場などがないので、食材をそろえるのが大変でした。あちらこちら走り回って食材をそろえることが「ちそう（馳走）」の意味です。それに、丁寧の意味の「ご」と感謝の意味の「さま」をつけて、「ごちそうさま」になりました。

感謝して食事をいただくようにしましょう。

○冬至カボチャ・柚子湯

十二月二十二日は何の日か分かりますか。そうですね。十二月二十二日は「冬至」です。「冬至」は、北半球では太陽の高さが一年中で最も低くなり、一年中で夜の時間がいちばん長い日です。「冬至」の日を境に、昼の時間が少しずつ長くなり、春がやって来ます。

さて、「冬至にはカボチャを食べて柚子《ゆず》湯に入ると良い」と言われています。聞いたことがありますか。

なぜ「冬至にカボチャと柚子湯」なのか、調べてみました。

昔の日本では、冬至の頃になると秋野菜の収穫も終わって、食べられる野菜がほとんどなくなっていました。そこで、元気に冬を越せるようにという願いを込めて、栄養があり長い間保存がきくカボチャ（カボチャは夏の暑い時期に作られますが）を、特別大切にして食べていたそうです。

実際、カボチャには「ビタミンA」や「カロテン」が多く含まれ、風邪や中風の予防に効果的です。

柚子湯は……と思って調べてみると、寿命が長く病気に強い柚子の木にならって、病気をせずに長生きをという願いを込めて柚子湯に入る。また、柚子は実るまでに長い年月がかかるので、苦労が実りますようにという願いを込めて柚子湯に入るということが分かりました。

実際、柚子湯には、血行を促進して冷え性を緩和したり、体を温めて風邪を予防したり、「クエン酸」や「ビタミンC」による美肌効果があったりするそうです。その他に、柚子の香りによるリラックス効果もあります。

昔の人は、寒い冬を乗り切るために、いろいろと工夫をしながら生活をしてきたのですね。昔の人の知恵や工夫に学びながら、皆さんも、いろいろなことを調べてみましょう。

○まごわやさしい

「まごわやさしい」のお話をします。

「まごわやさしい」は、バランスの良い食事の覚え方です。「まごわやさしい」の食材を組み合わせると、健康のために良いと言われています。

まめ…大豆・小豆《あずき》などの豆類、納豆・豆腐などの大豆加工品。

ごま…ごま・ピーナッツなどの種実類。

わかめ…わかめ・ひじき・のりなどの海藻類。
やさい…緑黄色野菜・淡色野菜。
さかな…あじ・いわしなどの魚類。
しいたけ…しいたけ・しめじ・えのきだけなどのキノコ類。
いも…さつまいも・さといも・こんにゃくなどのいも類。

「まごわやさしい」の組み合わせに気を付け、好き嫌いなく何でも食べるようにすることが大切ですね。

○「＋」「−」の記号

今日は、算数のお話をします。

皆さんは、「5＋2」のような足し算や、「5−2」のような引き算を勉強したと思います。では、足し算をする時には、どうして「＋」の記号を使うのでしょうか。また、引き算をする時には、どうして「−」の記号を使うのでしょうか。

調べてみました。

昔、たくさんの荷物を積んで何ヶ月もかけて大きな海を渡っていた船乗りたちにとって、飲み水は命と同じくらいとても大切なものでした。船乗りたちは、飲み水を大きな樽《たる》に入れて積み込み、無駄にしないように大切に使っていました。水を使ったら、一つ一つの樽の水の量がどのくらい減っているのかが外からすぐに分かるように、樽の外側に横の棒線を引いて目印にしました。常にチェックをしていないと、飲み水がなくなったら大変ですからね。

何日かすると、またどのくらい減ったかが分かるように、樽の外側に新しい水の量の目印となる横の棒線を書きました。

そのことから、樽の水が減った時に使っていた目印の横の棒線「－」を、引き算の記号として使うことになったそうです。

では、足し算では、なぜ「＋」の記号を使うのでしょうか。いくつか説があるようですが、そのうちの一つをお話しします。

水が減って空になった樽には、次の港に着いた時に新しい水を入れ、ここまで水があると外から分かるように、あらたに横の棒線を付けて表しました。その時に、飲み水が減っていく時に付けた目印の横の棒線「－」があると、どちらが正しい水の量の線か分からな

くなってしまうので、縦の棒線「|」を書き加えて、前の目印を消していきました。

そのことから、樽の水が増えていく時にできた「+」の印が、足し算の記号として使われることになったそうです。

調べてみると、知らなかったことが分かります。

いろいろなことを知り、「分かった!」という体験が、たくさんできると良いなぁと思っています。

○ひなまつり

三月に入りました。寒い日が続きましたが、少しずつ暖かくなってきました。春が近付いてきていることを感じますね。

さて、三月三日は、桃の節句「ひなまつり」です。ひな人形が飾ってあるお家もあると思います。

ところで、ひなまつりには、どんな意味や願いがあるのか知っていますか。

もともと、ひなまつりは、今から約千年ほど前の平安時代頃から始まったと言われています。その頃は、今のように医学や医療が発展していなくて、病気の原因が分からない、良い治療の方法もない、良く効く薬もない時代でした。

その時代は、病気で命を落とす人が多くいました。そこで、病気にかからないように、季節ごとに身体の穢《けが》れを取り払う行事を行うことが、大切にされていました。生まれてすぐに亡くなる子も多かったので、子どもの命がもっていかれないように、枕元に身代わりの人形を置き、病気や災害をその人形に移して、海や川に流す「流し雛《びな》」ということが行われていたようです。

このようなことから、子どもたちが病気や災害にあうことなく、元気に育ってほしいという願いを込めて、今のひなまつりになったと言われています。ひなまつりの日には、皆さんが「元気に育ってほしい」という願いが込められているのです。

皆さんは、「好き嫌いをしない」とか「早寝早起きを心がける」など、健康な生活を送るようにしていますか。家族の方の気持ちや願いに応《こた》えて、病気にかからず元気で優しい子に育ってほしいと思っています。

○七夕

七月七日は何の日か分かりますか。そうですね。七夕《たなばた》です。短冊にお願い事を書いて、七夕飾りと一緒に飾る人もいると思います。

もともとは、女性が裁縫が上手になるようにお願いしたことが始まりだと言われています。その後、字が上手になるように、習い事が上達するようにと形を変え、今では何でもお願い事を書くというふうになったようです。

皆さんは、七夕の歌を知っていますか。「笹の葉さ〜らさら〜」で始まる歌ですが、この中に「五色《ごしき》の短冊」という歌詞があります。五色とは五つの色のことで、五色の短冊とは五つの色の短冊ということです。

五つの色は何色でしょうか。気になって調べてみました。本来は、青・赤・黄・白・黒だそうですが、日本では青の代わりに緑、黒の代わりに紫が使われているそうです。

今はあまり色にこだわってお願い事をしないかと思いますが、五つの色にはそれぞれ意味があり、その意味に沿った願い事を書くと、より叶いやすくなるそうです。

「計算ができるように」というお願いは、紫の短冊に書くと良いようです。

調べるといろいろなことが分かりますね。

〔参考〕

緑…「礼」自身の徳を積む・人間力を高める。

「心にゆとりを持つ」「口べたを直す」「ありがとうが言えるようになる」

赤…「仁」両親や祖父母、祖先への感謝。

「家族みんなが笑顔でいられるように」「おじいちゃんが長生きしますように」

黄…「信」信頼や知人・友人を大切にする。

「上司に信頼されたい」「友達がたくさんできますように」

白…「義」自分で決めたことを守るという決意。

「禁煙する」「ダイエットする」「忘れ物をなくす」

紫…「智」勉強や学業の向上。

「大学に受かりますように」「九九が言えるようになる」「○○の資格を取る」

その他こんなことを

○挑戦する気持ち

今日は一つの数字を見せます。

（「10133回」を示す）

さて、この数字は何の数字だと思いますか。この「10133回」というのは、二重跳びの世界チャンピオンの記録です。すごいですね。皆さんは二重跳び、何回跳べますか。

ところで、この世界チャンピオンは、なんと日本人で「鈴木勝巳さん」という方です。

小学校一年生の時は体が弱く、先生に勧められて縄跳びを始めたそうです。最初は全く跳べなかったそうですが、少しずつ練習を重ねて、二年生の時は、二重跳びを203回跳んで、学校の縄跳び大会で優勝しました。

鈴木さんは、今では、三重跳びも四重跳びも五重跳びも、なんと六重跳びもできるそうです。

〔参考〕二重跳び　1013回
三重跳び　441回
四重跳び　98回
五重跳び　20回
六重跳び　1回

二重跳びはできなくても、ただ跳ぶだけならどうでしょう。十分や二十分は跳べそうですか？　一時間や二時間はどうでしょう。この鈴木さんは、跳び続ける時間でも世界記録を持っています。どのくらい跳び続けることができると思いますか。なんと「九時間四十六分一秒」（三万五一六一秒）です。朝、皆さんがおはようのあいさつをして学校に来て、お昼に給食を食べ、さようならのあいさつをして家に帰っても、まだ跳び続けているのです。

鈴木さんは、七十歳を超えた今でも、記録に挑戦し続けています。

「継続は力なり」という言葉があります。

「小さなことでも努力を続けていれば、やがて一つの大きなことが達成できる」または、「物事を成し遂げるまであきらめずに努力をし続けることが、一つの力である」という意味に使われています。

記録に挑戦し続ける鈴木さんのお話をしました。皆さんも、鈴木さんのように、小さな努力の積み重ねを大切にして、自分の力を付け、目標に向かって取り組んでほしいと思っています。

◆二〇一三年（平成二十五年）十二月九日に話した内容です。記録は当時のものです。

○ある一言

先日、地下鉄の中でこんな光景を見かけました。

地下鉄は結構混んでいました。空いた席はなく、校長先生も含めて、何人かの人が立っていました。出入り口のすぐ近くの席には、中学生くらいの女の子が座っていました。電車が駅に着いて、何人かの方が乗ってこられました。荷物を持ったお年寄りの方が、その女の子の前の吊り革を持った途端、その女の子は立ち上がりました。

お年寄りの方は「大丈夫ですから、どうぞ座っていてください」と断られました。女の子は「どうぞ。私は次の駅で降りますから……」と言って、一つ前のドアのほうに歩いて行きました。

お年寄りの方は、頭を下げて座られました。

心の優しい女の子ですね。ところが、電車が次の駅に着いても、その次の駅に着いても、女の子は降りませんでした。先生はその次の駅で降りたので、女の子がどこで降りたのかは分かりません。

この女の子は嘘《うそ》を言ったことになりますね。なぜ、このような言い方をしたのでしょう。相手を思いやったのだと思います。「次の駅で降りますから……」と、相手の気持ちを楽にしたのだと思います。相手の気持ちを考え、優しさにあふれた女の子の振る舞いに、心を打たれました。こういうことが「思いやり」だと思いました。

○正しい答え・優しい答え

今日は算数の問題を出します。「10÷4」はいくつですか。そうですね。「答えは2余り2（2・5）」ですね。

余りのある割り算の学習をしていた時に、こんなことがあったと、ある小学校の先生から聞きました。

『10÷4』はいくつになりますか。例えば、10個のお菓子を4人で分けるとどうなりますか?……そうですね。答えは2余り2ですね」と話をしたところ、一人の子が手を挙げてこう言ったそうです。

「先生、みんなで分けると、余りは出ません」

その子は、続けてこんな話をしたそうです。

「僕の家では、10個のお菓子を、お父さんとお母さんが2個ずつ、僕と妹で3個ずつ分けるから、余りは出ません」

余りのある割り算の答えとしては、「2余り2」が正解です。しかし、実際の生活の中では、この子の家庭のように余りが出ない場合があります。校長先生は、この子の答えの中に家庭の温かさを感じました。

「10÷4=2余り2」「1+1=2」などは「正しい答え」ですね。では、家族みんなでお菓子を分けると話した子の答えは「間違えた答え」でしょうか。校長先生は、そうは思いません。この子の答えは「優しい答え」だと思います。

「僕のお菓子の3個目を半分に切って、お父さんにあげたので、お父さんと僕は2個半ずつになった」「みんなで1個ずつ食べて、余った6個を冷蔵庫に入れた。だから余りは6

です」という答えが、実際の生活の中ではあっても良いですね。「人に優しい」「物に優しい」「地球に優しい」……そんな「優しい答え」が、特に人と人の間には必要です。皆さんには、「正しい答え」とともに「優しい答え」も学んでほしいと思っています。

○タンポポのように

今日は、タンポポについてお話をします。皆さんは、タンポポを知っていますか。校長先生は、このタンポポが大好きです。今日はその訳を、皆さんにお話しします。タンポポは、葉っぱを地面に広げ、花を支える茎をまっすぐに伸ばして花を咲かせます。背は大きくても三十センチくらいですね。葉を地面に広げているので、周りに植物があると、太陽の光を浴びることができず、成長することができません。そこで、タンポポは、道ばたや道路のすき間など、植物があまりないところで咲いています。

植物があまりないところで咲いているタンポポにとっては、日は当たるけれど困ることがあります。それは、車に踏まれたり、人が上を歩いたりすることが多く、つぶされてしまうことがあるのです。

他の植物なら、それで枯れてしまうことが多いのですが、タンポポは違います。つぶされても、また葉を茂らせて花を咲かせます。すごいですね。

実は、その秘密は根にあります。根の長さは、五十センチから一メートル近くもあります。この根に養分を蓄えて、たとえつぶされても、次から次へと葉を出し、花を咲かせます。

見えないところで頑張っている、こんなタンポポが、校長先生は好きなのです。

皆さんも、タンポポのように、しっかり根を張って、たくましく勉強や運動をしてください。くじけそうになったり、困ったりしたら、タンポポを思い出すのも良いですね。

○宝物のノートを

今日は、一冊のノートを持ってきました。五冊で四百十円、一冊は八十二円で買いました。

このノート、八十二円は高いと思いますか。それとも安いと思いますか。

安いと思う人もいるでしょう。いや、高いと思う人もいるでしょう。もっと安く売っているお店を知っているよという人もいると思います。

今日のお話は、このノートを高くするか安くするかというお話です。

一冊八十二円ノートですが、このノートを高い買い物にするか、安い買い物にするかは、使う人次第なのです。

買ったノートを、いたずら書きしたり、やぶってクチャクチャにしたり、適当に使ったりして無駄に使えば、このノートはすごく高い買い物になります。

逆に、授業の記録や宿題をするために使ったり、調べたことをまとめたりして、どんどん学ぶことができ自分が賢くなれば、このノートはとても安い買い物になります。

そうやって一生懸命使ったノートは、皆さんの学習の記録が載っている、世界でたった一つの「宝物のノート」になります。皆さんが持っているノートを、世界でたった一つ、値段がつかないような宝物にしてほしいと思っています。

さて、皆さんは「宝物のノート」はできたでしょうか。できた人は、とても幸せですね。もっともっと「宝物のノート」を作ってください。まだできていない人は、ノートを大切に心を込めて使って、「宝物のノート」を作ってください。

○うるう年

今日は二月二十九日です。四年に一度、一日多い二月があります。一日多い二月は、どうですか。一日多くて良いなぁと思っているでしょうか、それとも一日多いのか、嫌だなぁと思っているでしょうか。

いつもの年より一日多く学校に来ることができますね。一日多く勉強をしないといけないので嫌だなぁと思っている人はいるでしょうか。こういう考え方は、マイナスの考え方で、自分の気持ちを暗くしてしまいます。

一日多く学校に来られるので、知っていることが増えるし、友達と一緒にいる時間が増えて良いなぁと思っている人もいるでしょう。こういう考え方は、プラスの考え方で、自分の気持ちを明るくします。

一日多い今日は、「牛肉とポテトのきんぴら」の給食が食べられて、良いなぁ。

一日多い今日は、本を読む時間ができて、良いなぁ。

一日多い今日は、友達と話したり遊んだりする時間が増えて、良いなぁ。

このように考えてみましょう。良いなぁということが何も思いつかない人は、一日多い今日は、四年に一度の特別な日だから、何か良いことがあるぞ。

と考えてみましょう。

まず、今日一日、「良いなぁ」というプラスの考え方で生活してみましょう。そして、できたら、毎日「良いなぁ」というプラスの考え方で過ごせるようしてください。

○幸せについて

今日は、「幸せ」についてお話をします。

「幸せ」とは、「とても良い気持ちになって、明日も頑張ろう」という気持ちになれることだと思います。いつも、そんな気持ちになれると良いですね。

さて、人には三つの幸せがあると言っている方がいます。

一つ目は「してもらう幸せ」です。

何かをしてもらってとてもうれしい、そういう幸せです。

二つ目は「できるようになる幸せ」です。

自転車に乗れるようになる、勉強ができるようになる、そういう幸せです。

三つ目は「してあげる幸せ」です。

家の手伝いをしてあげる、困っている友達を助けてあげる。そうすると、お家の人や友達が喜びます。喜んだ顔を見て良い気持ちになる、そういう幸せです。

皆さんも「幸せ」をたくさん感じることができるように、特に、「してあげる幸せ」をたくさん感じることができるようになってほしいと思っています。

○ウサギとカメ

今日は、「ウサギとカメ」のお話をします。このお話は、イソップ童話にのっているお話で、知っている人が多いと思います。

ウサギに足の遅さを馬鹿にされたカメが、山の頂上までのかけっこ競争を挑みます。かけっこが始まると、ウサギはどんどん先に行き、とうとうカメが見えなくなります。ウサギは余裕があり、途中で居眠りを始めます。その間にカメは着実に歩みを進めて、ウサギが目を覚ました時には、カメは山の頂上でゴールをして喜んでいます。というお話です。

さて、このウサギとカメの大きな違いは何でしょうか。それは、「目標の違い」だと思います。目標、つまり「めあて」ですね。

ウサギは、カメに勝つことを目標（めあて）にしたのです。だから、カメが見えなくなって勝てると思い、油断をして途中で寝てしまったのです。

一方カメは、自分の力を出し切ることを目標（めあて）にしたのです。だから、ウサギのことに関係なく、最後まで自分の力を精一杯出そうとしたのです。その結果、ウサギに勝つという結果まで付いてきたのです。

大切なことは、誰かに勝つということではなく、精一杯努力して自分の力を出し切ることです。自分が本当に頑張ったかを、いつも自分に聞いてほしいと思います。力を出し切れば、自然と結果が付いてきます。

皆さんも、今持っている力を精一杯出せるよう、こつこつ努力を続けてください。

○青いバラは夢叶う

今日は「バラ」のお話をします。

皆さんは「青いバラ」を見たことがありますか。赤いバラや白いバラはよく見られますが、青いバラはなかなか見ないのではないでしょうか。

実は「青いバラ」は、いまから○年ほど前から売られるようになったそうです。

「青いバラ」は長い間研究が重ねられ、最新の技術を駆使し、日本人が世界で初めて開発に成功しました。

「青いバラ」を英語で言うと「ブルーローズ」です。この「ブルーローズ」という言葉は、バラには青い色素を作る能力がないということから、英語では「不可能なこと」を意味すると言われています。世界で不可能だと言われていることを、日本の研究者が「可能」にしたのです。日本の研究者は、本当にすごいですね。

世界初の「青いバラ」の花言葉は、「夢叶う」です。夢を叶えるために努力を続けてきた人へ拍手を送りたいという意味が込められています。

目標を持って努力を続けていると、「不可能なこと」が「可能」にもなるのです。

◆「青いバラ」は二〇〇二年（平成十四年）、バイオテクノロジーの力によって、日本の研究者たちが誕生させました。二〇〇九年（平成二十一年）には一般の販売が開始され、世の中に広まるようになったそうです。

○よし大丈夫、次、頑張ろう

学校では水泳学習が始まりました。今日は、校長先生が小学生の時の、プールでの出来事をお話しします。

校長先生は、息継ぎが上手にできませんでした。だから、小学生の時は泳ぐことができなくて、水泳の時間は嫌いでした。仕方なくプールに入っているという状態でした。

担任の先生が言われました。「息継ぎの練習をします」

水面に顔を出して口を開けているのに、空気が入ってこない。上手く息ができないけれど、それでもブクブクパァーと言いながら練習しました。

一回目は、ちょっとしか空気が入ってこなくて、苦しい思いをしました。二回目は、口や鼻に水が思いっきり入ってきました。めちゃくちゃ苦しくてゴホゴホと咳き込みました。鼻も頭も痛くて、涙も出てきました。

校長先生は、「水泳は苦手だし、言われたようにはできないよ。あんなに頑張ったのに自分はダメだ。もうやめた」と思って練習をやめてしまいました。だから、小学校の時は泳げないままでした。

泳げるようになったのは大学生の時です。その時は、「苦しいけれど一回目はできた。もう一回やろう。よし大丈夫、次、頑張ってみよう」と思い、泳げるようになりたいという強い気持ちを持って練習をしました。

その時のことを思い出して、今思うことがあります。

はじめからできる人はいないし、失敗をしない人もいません。

「よし大丈夫、次、頑張ろう」という気持ちを持てば、成功に近付くのだということ。

それは、自分を大切にし、もっと頑張ろうという力を生むことになること。

「よし大丈夫、次、頑張ろう」を、いつも自分に言いましょう。そして、友達にも「よし大丈夫、次、頑張ろう」と声をかけられるようになってほしいと思っています。

◆教員採用試験で、水泳の実技があったため、大学生の時に水泳部の友達に泳ぎ方を教えてもらいました。必死に練習して、現在は泳げるようになりました。

○ノミの天井

今日は「ノミの天井」のお話をします。

ノミはとても小さいですが、自分の体の一五〇倍もジャンプする力を持っていると言われています。人間なら三十階建てのビルを飛び越えるくらいのジャンプ力になります。

ノミを蓋《ふた》付きの小さなガラス瓶に入れておくと、高くジャンプしてもガラスの天井にぶつかるので、そのうちガラス瓶の高さ以上に飛び上がらなくなります。

このノミを広いところに放すとどうなると思いますか。邪魔なものがないので、「やった」と思って目一杯ジャンプするようになるでしょうか。

ところが、そうはならずに、最初入っていた小さいガラス瓶の高さ以上に飛び上がろうとしないそうです。これは、ノミが自分で「これだけ」と思って、限界を決めてしまっているからです。

このお話を聞いて、皆さんはどう思いますか。

本当はもっとできるのに、「自分はここまでだ」とか「もう無理だ」とか、限界を自分で決めていることはないでしょうか。それは、すべて自分の思い込みなのです。

限界を感じたら、「ノミの天井」のお話を思い出し、「自分はできる」を合言葉にして、どんどんいろいろなことに挑戦するようにしてほしいと思っています。

良い毎日を送れるように

○今日あった良いことを思い出して

先ほど、○○部の皆さんを表彰しました。すばらしい成績を残しました。

○○小学校の皆さんは、声をかけ合ったり、一つ一つのプレーを精一杯の応援で支えたりと、チームにいい雰囲気を作っています。それがチームの力となっています。さて、試合に勝つこともそうですが、うれしいことや楽しいことがあったら、言葉に出して目一杯喜びましょう。そして、頑張ったことがあれば、自分で自分を褒めるようにしてください。

そのことが、自分がさらに頑張る力を生み、うれしいことや楽しいことを、どんどん引き寄せてきます。

そして、夜、今日あった良いことを思い出してから寝るようにしてください。校長先生は、幸運の四つ葉のクローバーにちなんで、良いことを四つ思い出して寝るようにしています。

思い出す良いことは、「道ばたで花が咲いているのを見付けた」「友達とけんかしなかった」「ご飯がすごくおいしかった」など、小さなことで良いです。

目一杯喜び、自分を褒め、良いことを思い出して寝る。心がけてほしいと思っています。

○できるようになったことを見付けて

皆さんは、「あの人は良いなぁ」とか「あの人のようになりたいなぁ」と思うことはありませんか。

目標にする人を決めるのは、とても良いことですね。しかし、人と比べて自分はダメだなぁと思っているとしたら、どんどん気持ちが落ち込んで暗くなってしまいます。

上ではなく前に向かって進みたいですね。上を見て、誰かと比べるのではなく、自分の後ろを振り返り、昨日の自分と比べてほしいと思います。

そして、できないことを考える引き算の考え方よりも、できるようになったことを見付ける足し算の考え方で、一歩ずつ前に進んでください。その道は、ゆるやかですが上り坂になっていて、上に上に向かって伸びています。

自分の最大の応援団は、自分です。

できるようになったことが増えた自分を褒め、そんな自分が大好きと言いながら、毎日生活するようにしましょう。

○ワクワクドキドキの毎日を

さて、これまで、「うれしいことがあったら目一杯喜び、自分を褒めましょう」「今日あった良いことを思い出してから寝るようにしましょう」「あいさつをしっかりしましょう」「昨日の自分と比べて、できるようになったことを見付けましょう」というお話をしてきました。

今日は、「自分のしていることを楽しんでやりましょう」というお話をします。

何かをする時に「嫌だなー」「めんどくさいなー」と思ってやるよりも、「何分でできるかな」「また一つできるようになったぞ」と楽しみながらやるようにしましょう。そうすると、ワクワクドキドキの毎日になり、良いことや楽しいことが、どんどんやって来ます。

もう一つ、4Dの言葉をできるだけ使わないようにしましょう。4Dの言葉とは、「でも」「だって」「どうせ」「できない」です。この言葉を言うと、自分の心にマイナスのエネルギーがたまり、いろいろなことが上手くいかなくなります。

4Dの言葉を使わずにワクワクドキドキの毎日にし、運動や勉強に頑張ってほしいと思っています。

○ありがとうの力

先日、校長先生が歩道を歩いていたら、こんなことがありました。

前から自転車が来ました。車が歩道に乗り上げて駐車しているので、自転車とすれ違うことができないと思って、立ち止まって自転車が通り過ぎるのを待っていました。

自転車に乗っていたのは、若いお母さんでしたが、すれ違うときに「ありがとうございます」と声をかけていかれました。自転車の前には年少くらいの男の子、後ろには年長くらいの女の子が乗っていましたが、すれ違うときに、二人とも「ありがとう」と校長先生に声をかけてくれました。とても良い気持ちになりました。

これは、「ありがとうの力」だと思います。「ありがとう」の言葉は、相手を良い気持ちにしますね。

実は、「ありがとう」は、自分に元気を与えたり良い気持ちにさせたりする力もあります。

上手くいかないことがあって落ち込んだりした時にこそ、自分に「頑張っている自分よ、ありがとう」の言葉をかけるようにしましょう。

また、人にだけでなく物にも「ありがとう」の言葉をかけると良いと思います。例えば、授業が終わったら教室の自分の机に「ありがとう」、家に帰ったらランドセルに「ありがとう」のように、感謝の気持ちを伝えてみてください。

この「ありがとう」は「よろしく」と一緒に使うと良いですね。学校に行くときにランドセルに「今日もよろしく」、教室に入ったら自分の机に「今日もよろしく」のように声をかけてみてください。

きっと「ありがとうの力」を感じることができますよ。

参考文献

『ハチドリのひとしずく　いま、私にできること』辻信一 監修／光文社
『置かれた場所で咲きなさい』渡辺和子 著／幻冬舎
『ぞうきん』河野進 著／幻冬舎
『かあさんのこもりうた』こんのひとみ 作　いもとようこ 絵／金の星社
『もったいないばあさん』真珠まりこ 著／講談社
『続・こころのふしぎ　なぜ？　どうして？』村山哲哉 監修／高橋書店
『ＯＭＯＩＹＡＲＩのえほん　世界を幸せにする魔法』藤田恵美 作　松本えつを 絵／ミライカナイブックス
『あたまがふくしまちゃん』のぶみ、宮田健吾 作／ＴＯブックス
『花の詩画集　鈴の鳴る道』星野富弘 著／偕成社
『金子みすゞ全集』ＪＵＬＡ出版局
『人生に必要な知恵はすべて幼稚園の砂場で学んだ』ロバート・フルガム 著　池央耿 翻訳／河出文庫

『栄養素　キャラクター図鑑』田中明・蒲池桂子 監修／日本図書センター
『きのこほいくえん』のぶみ 作／講談社
『モチモチの木』斉藤隆介 文　滝平次郎 絵／岩崎書店

あとがき

この本を手にとっていただき、ありがとうございました。

定年退職を迎える年度は、子どもたちに対して「良い毎日を送るためには」という話を多くしてきたように思います。年齢を重ね、自分の孫を見るまなざしで、みんなが幸せで良い毎日を送ってほしいと強く思うようになりました。

教育新聞愛知県版（二〇一七年十一月二十七日）に、「なった自分の姿を思い描いて」という記事を描きました。一部を抜粋します。

「〇〇したいでは永遠に〇〇になれません。〇〇したいと思っている自分になれるだけです」

子どもたちにも、職員にも、自分にもそう問いかけています。

〇〇になっている自分、〇〇ができた自分の姿を具体的に思い描き、あらかじめ祝福する。できれば、できるだけたくさんの人とともに、それぞれの人の願いが叶った姿をお祝いする（予祝）ようにしたいと思います。

この「予祝」という考え方は、言霊メソッド「まなゆい（愛結）」から学び、子どもたちに、良い毎日を送るための大切な方法として伝えてきました。

「目標に向かって努力を続け、苦しいことを乗り越えて頑張れ！」ということは、もちろん大切な言葉がけですが、できた自分の姿を具体的に思い描き、みんなで前祝い（予祝）することで、みんなの祝福が後押しとなり、自分の目標に向かって何をすると良いのかが自分の中から出てきます。そこで、「頑張れ！」と声をかけたいと思います。

「まゆない（愛結）」は、小玉泰子さんが提唱したもので、「受け入れ、認め、ゆるし、愛していきます」という四つの言葉を自分や相手に伝えるというメソッドですが、大切なのは、ありのままの自分を受け入れ、自分を好きになることだと思います。

このことはぜひ伝えたいことであり、「予祝」とともに「自分を好きになること」を、子どもたちに繰り返し話をしてきました。

子どもたちが、「もうだめだ」「自分にはできない」と壁にぶち当たった時に、「そんな自分を愛しています（そんな自分が大好きです）」と自分に語りかけさせてみてください。

壁を乗り越える力は、どんな自分も受け入れて自分を好きになる、そこから生まれると思います。

人と比べるのではなく、昨日の自分と比べて「できるようになったこと」を見付け、自分を褒め、「自分が大好き」と言える子どもたちが、これからも見られることを楽しみにしています。

「校長先生、今日の話は何?」と子どもたちに言われることはなくなりましたが、「おじさん、今日の話は何?」と言われるような地域のおじさんとして、これからも子どもたちの成長にかかわっていきたいと思っています。

初めての著書の刊行には、多くの方々のお力が必要でした。特に、文芸社編集部の吉澤さんには、大変お世話になりました。ありがとうございました。

二〇一八年(平成三十年)三月

友松　重雅

著者プロフィール
友松 重雅（ともまつ しげまさ）
1958年（昭和33年）、愛知県生まれ。
愛知教育大学を卒業後、名古屋市内の公立小中学校の教諭、名古屋市立荒子小学校教頭を経て、名古屋市立平和が丘小学校、名古屋市立筒井小学校の校長を歴任。2018年（平成30年）、定年退職。
名古屋市立小中学校教頭会会長、愛知国語教育研究会会長、名古屋市東区校長会会長、全国小学校国語教育研究会副会長を歴任。

校長先生、今日の話は何？ 校長として子どもたちに伝えてきたこと

2018年3月15日　初版第1刷発行

著　者　友松 重雅
発行者　瓜谷 綱延
発行所　株式会社文芸社
〒160-0022 東京都新宿区新宿1－10－1
電話 03-5369-3060（代表）
03-5369-2299（販売）

印刷所　株式会社フクイン

ISBN978-4-286-19221-5　日本音楽著作権協会（出）許諾第1714359-701号